L'ENTREVUE. 1778

1846

(C.)

X.

On s'explique sans peine comment Nicolas Poliveau s'était trouvé dans la triste nécessité de se réfugier au Temple. Le vol des dix mille écus qu'il avait empruntés avait accéléré sa ruine; d'ailleurs, on perdant sa fille, il avait perdu le principal élément de succès de son commerce. Rosette, par ses grâces et sa gentillesse, par son talent à attirer les pratiques, avait pu seule retarder la chute du marchand dont les affaires étaient dérangées depuis que des charges publiques avaient exclusivement absorbé son temps. Aussi, deux mois environ après la catastrophe de la rue de la Tixeranderie, le pauvre homme avait été obligé de faire banqueroute et de se retirer dans le quartier privilégié pour échapper aux peines infamantes alors infligées aux banqueroutiers.

Peut-être s'il eût été abandonné à lui-même, n'eût-il pas eu la pensée de profiter de l'asile où se trouvaient réunis tant

d'individus moins honnêtes que lui....
Vieux, malade, déshonoré, séparé pour
toujours d'une fille qu'il avait aimée
à l'adoration et dont la pensée même
semblait lui être devenue odieuse, en
proie aux railleries de ses égaux, à la
haine de ses créanciers, il eût fléchi sous
le poids de tant de maux; mais la pensée
religieuse, profondément enracinée dans
le cœur de la vieille bourgeoisie parisienne,
l'avait soutenu, et de plus il avait con-
servé au milieu de ses douleurs un ami
dont le zèle ne se démentit pas un seul
instant. C'était Giles Poinselot, son premier apprenti. A peine rétabli de sa bles-
sure, qui heureusement, n'avait aucune
gravité, le jeune homme avait fait des efforts inouïs pour relever les affaires de son

maître ; il avait montré en toutes circonstances l'énergie que le malheureux Poliveau n'avait plus. Renonçant à cette folle ambition de s'élever au-dessus de son état, maladie dominante des jeunes gens de sa condition, il était redevenu zélé, attentif, soigneux, et il avait cherché de tout son pouvoir à sauver le père de celle qu'il aimait. Lorsque la banqueroute parut inévitable, ce fut lui qui soutint le courage abattu du vieillard en lui rappelant ses devoirs de chétien ; ce fut lui qui l'entraîna presque de force dans l'enclos du Temple, et il ne cessa de lui prodiguer des secours et des consolations.

Aussi, Giles Poinselot semblait-il le seul lien qui rattachât encore le vieillard aux choses de la vie. Il s'était logé à côté de son maître, dont il se considérait toujours comme l'apprenti, et il employait ses journées à courir chez les créanciers de Poliveau afin d'amener un concordat ou de faire rentrer les petites sommes nécessaires à l'entretien du vieillard. Il passait toutes ses soirées près de lui, l'occupant de lectures pieuses, évitant ce qui pouvait réveiller ses souvenirs, l'entretenant sans cesse de l'espoir de voir son nom réhabilité ; enfin, il avait pour lui les soins, le dévoûment du plus tendre fils pour son père.

Il n'était donc pas étonnant que Nicolas Poliveau eût reporté à son tour toutes ses affections sur son fidèle ami. D'ailleurs une autre raison encore devait le lui rendre cher.

Le bonhomme ne parlait jamais de sa fille ; il avait expressément défendu à Giles et même à Guillaume, qui venait le voir quelquefois, de prononcer devant lui le nom de Rosette. Cependant il n'ignorait pas que Giles avait obtenu du lieutenant-criminel et de l'abbesse du couvent où la belle drapière était enfermée, la permission d'aller voir quelquefois son ancienne maîtresse, à travers les grilles du parloir; et sans doute c'était là un grand sujet de consolation ; pour la pauvre recluse ! Par une sorte d'instinct paternel, Nicolas devinait les jours où Giles était allé visiter sa fille maudite, et ces jours-là il étudiait le visage de l'apprenti comme pour y saisir un vague reflet de la joie ou de la douleur de Rosette. Il ne le questionnait pas directement ; son orgueil et sa colère se fussent opposés à ce qu'il parût prendre le moindre intérêt au sort de l'enfant qu'il avait repoussée ; mais il s'informait vaguement si tout allait bien, s'il y avait encore quelqu'un qui pût l'aimer sur terre, si le repentir pouvait toucher les cœurs endurcis, et quand Giles répondait d'une manière conforme à ses désirs, le pauvre homme pleurait, le pressait sur son cœur et portait à ses lèvres la main qui avait peut-être effleuré celle de sa fille.

De son côté, Giles Poinselot se prêtait admirablement aux sentiments secrets de son maître; jamais il n'eut l'air de voir où tendaient ces questions ; il se gardait bien, dans ses réponses, de donner des détails qui eussent fait sentir qu'il en avait compris la portée. A la première parole trop claire le vieillard se fût emporté ; une allusion maladroite eût réveillé des sentiments qu'il valait mieux laisser sommeiller. Une seule fois on avait osé rappeler énergiquement à Poliveau les souvenirs du passé : c'était le marquis de Villenègre. Il était venu, dans son désespoir, supplier l'ancien échevin de pardonner à sa fille innocente. Mais cette tentative inconsidérée avait exaspéré encore davantage le malheureux père; il avait accusé Villenègre d'être la cause de tous ses maux; il l'avait accablé d'injures et de reproches ; le jeune gentilhomme avait dû se retirer devant cette explosion de sentiments implacables. Giles avait conjecturé, d'après cet essai malheureux, que les passions de son maître n'avaient pas eu encore assez de temps pour se calmer; il valait mieux attendre que de risquer de tout perdre par trop de précipitation. Cependant il ne désespérait pas d'amener bientôt une réconciliation entre le père et la fille; il calculait chaque jour en silence les changements que la réflexion et surtout le temps apportaient dans le cœur de Poliveau ; il prévoyait déjà le moment où, malgré une sévère prohibition, il pourrait prononcer le nom de Rosette et obtenir pardon.

Telle était la situation de l'infortuné

père lorsqu'il fit la rencontre du comte de Manle à la *Taverne-aux-Bourgeois*. L'impudence de cet homme qui se faisait ainsi gloire de ses crimes avait mis en mouvement tout ce qui restait de sang chaud dans les veines du vieillard. En sortant du cabaret, il se mit à marcher au hasard dans les petits sentiers qui tournaient autour des habitations; le souvenir de ses malheurs récents avait été avivé par ce nouvel outrage et il courait comme un fou à travers l'enclos, lorsqu'on le tira doucement par son manteau.

Il se retourna et il aperçut Giles Poinsclot qui le suivait depuis quelques instants.

La présence de Giles lui était toujours agréable depuis le commencement de ses malheurs, mais en ce moment surtout ses yeux s'arrêtèrent avec joie sur celui qu'il considérait comme son meilleur ami. D'ailleurs le jeune homme était vêtu avec plus de recherche qu'à l'ordinaire, signe certain qu'il avait fait le jour même une visite au couvent de l'Ave-Maria. Poliveau prit donc avec empressement le bras de Giles, et dit d'un air de satisfaction :

— Ah! c'est toi enfin, mon pauvre garçon; je désespérais de te voir : j'étais allé au-devant de toi jusqu'à la *Taverne-aux-Bourgeois*... mais tu m'as fait bien attendre aujourd'hui... et telle est ma faiblesse maintenant, que j'ai dû entrer dans ce cabaret pour me reposer un instant. Vrai Dieu! je me suis bien repenti de n'avoir pu résister à la fatigue, car j'ai rencontré dans cet endroit maudit un des hommes que je méprise et que je hais le plus au monde!...

— Et qui donc, bourgeois? demanda Poinselot avec inquiétude.

— Cet abominable affronteur de comte de Manle... il a eu l'audace de se vanter publiquement d'un crime pour lequel il aurait été pendu en place de Grève s'il y avait aujourd'hui autant de justice que du temps de M. de Sully!

L'apprenti parut un peu rassuré en entendant prononcer le nom du comte de Manle.

— Calmez-vous, maître, dit-il d'un ton distrait, celui dont vous parlez ne peut finir autrement que par la potence.

Ils se mirent en marche vers le modeste logement qu'ils occupaient dans l'enclos. Giles était rêveur et semblait chercher le moyen de faire à Poliveau un aveu embarrassant. Plusieurs fois il s'arrêta brusquement et il fut sur le point de parler, mais aussitôt il se remettait en marche et se taisait, comme si la réflexion eût changé sa détermination. Cette préoccupation devint si visible que le bonhomme finit par la remarquer.

— Qu'as-tu donc ce soir, Giles ? Aurais-tu appris quelque nouveau malheur ? mes créanciers se refuseraient-ils décidément à l'arrangement que tu leur proposes en mon nom ?

— Ce n'est pas cela, maître, tout va pour le mieux dans vos affaires, et bientôt sans doute vous pourrez quitter l'asile du Temple, mais...

Il s'arrêta de nouveau, comme s'il n'eût su quel tour il devait prendre pour exprimer sa pensée. Par instinct le vieillard devina qu'il s'agissait de Rosette.

— As-tu quelque chose à m'apprendre? demanda-t-il en affectant la plus profonde indifférence.

L'apprenti s'arma de tout son courage.

— Eh bien, répondit-il tout d'une haleine, attendez-vous à trouver chez vous des personnes dont la vue... vous étonnera.

— Des étrangers chez moi?

Poinselot ne répondit pas.

— Et qui diable ce peut-il être, sinon quelque débiteur récalcitrant? il ne suffit donc pas que j'aie fait l'abandon de tout ce que je possédais?... A moins que quelque ancien ami... Mais je n'ai plus d'autre ami que toi !

— Eh bien, maître, s'il en est ainsi, reprit le jeune homme avec chaleur en pressant contre sa poitrine le bras de Poliveau, si réellement vous croyez me devoir quelque reconnaissance pour mes faibles services, pour le zèle, le dévoûment, l'affection que je vous ai montrés... je vous en prie par tout ce qu'il y a de plus sacré, promettez-moi d'être calme et raisonnable avec les personnes qui vous attendent en ce moment !

Le vieillard s'arrêta.

— Que signifie ceci, l'ami Giles, demanda-t-il, et que veux-tu me faire entendre ?

— Eh bien ! bourgois, s'il faut le dire, répliqua l'apprenti timidement, il va être question de votre fille...

— Je n'ai pas de fille, je n'en ai plus ! s'écria Poliveau avec véhémence et en frappant du pied ; mais je te remercie de m'avoir prévenu ; Giles, je ne rentre pas chez moi... je te prie d'aller annoncer à ces étrangers que je ne veux pas les voir.

En même temps il se retourna comme pour s'éloigner ; l'apprenti le retint avec hardiesse.

— De grâce, bourgeois, dit-il d'une

voix émue, ne faites pas cela si vous tenez au salut de votre âme et à l'approbation de votre conscience... peut-être vous repentiriez-vous toute votre vie d'avoir manqué cette entrevue... Ecoutez, s'il faut l'avouer, c'est moi qui ai promis à ces visiteurs que vous consentiriez à les voir, c'est moi qui les ai introduits chez vous, c'est moi qui vous supplie de les entendre! Ne me refusez pas le seul service que j'aie sollicité de votre bonté dans tout le cours de ma vie.... Maître, pour votre repos, pour le mien, venez; je vous le demande avec instance, je vous en supplie...

Giles avait les mains jointes; de grosses larmes roulaient sur ses joues. Sa voix pénétrante avait vivement attendri Poliveau qui peut-être au fond se sentait très-disposé à céder; cependant il parut réfléchir quelques instants.

— Eh bien soit, dit-il enfin; mais c'est à cause de toi, à cause de toi seul, mon bon Giles, que je consens à voir ces visiteurs : je ne puis rien refuser à l'ami qui m'est resté fidèle dans mon infortune. Oui, je recevrai ces étrangers; j'aurai le courage de parler encore d'une misérable que...

La voix lui manqua et il baissa la tête pour cacher son émotion. Giles l'observait avec anxiété, le vieillard l'entraîna brusquement.

— Viens, viens, murmura-t-il, tu vas

voir si j'ai besoin qu'on me recommande le calme et le sang-froid... Ces étrangers sont sans doute le lieutenant-criminel et sa femme, et ils viennent intercéder pour celle que j'ai maudite... tu entendras la réponse que je les chargerai de transmettre à cette coupable créature !

Peut-être Poliveau espérait-il que Poinselot lui ferait entendre s'il s'était trompé ou non dans sa prévision ; mais le jeune homme ne dit rien, de crainte de lui fournir un motif de changer sa détermination.

Le maitre et l'apprenti logeaient dans une vieille maison située à l'extrémité de l'enclos, à l'endroit à peu près où l'on a bâti plus tard la rotonde du Temple. Cette maison faisait partie d'un groupe de constructions occupées alors par ceux des réfugiés que leurs affaires n'obligeaient pas à fréquenter le quartier commercial et aristocratique situé vers l'entrée principale. Le prix de location était fort modique de ce côté, et on y jouissait de plus d'air et de solitude que dans le reste de l'enclos. Une espèce de préau planté d'ormes entourait ces habitations; par-dessus les murailles, qui, à l'est, terminaient l'enceinte privilégiée, on pouvait apercevoir les remparts de la ville et la cime des arbres des promenades publiques.

Le vieillard, malgré sa fatigue, malgré

la répugnance qu'il avait manifestée pour l'entrevue demandée, marchait avec rapidité; il affectait à mesure qu'il approchait de sa demeure une fermeté qu'il n'avait pas, car une légère pâleur s'était répandue sur son visage et Giles sentait le bras de son maître trembler sous le sien. Lorsqu'ils arrivèrent sur l'espèce de petite place qui s'étendait devant la maison, ils aperçurent un carrosse de louage stationnant près de la porte. Le cocher était descendu de son siége et causait à voix basse avec quelques personnages à tournure suspectes, parmi lesquels se trouvaient le capitaine balafré et un autre individu vêtu de noir qui semblait être un majordome de grande maison. A la vue des deux hommes, tous se turent et disparurent sous les arbres, qui projetaient une ombre épaisse aux approches du soir.

Ni Poliveau, ni Poinselot, ne remarquèrent ces inquiétantes circonstances. Ils atteignirent la maison et gravirent sans reprendre haleine l'escalier tortueux qui conduisait au second étage. Mais alors la résolution du vieillard sembla fléchir tout-à-coup. Il s'arrêta sur le palier, et saisissant avec force la main de l'apprenti, il murmura d'une voix étouffée :

—Non, je n'entrerai pas... tu me trompes, Giles, je suis sûr que tu me prépares quelque trahison!.

Mais Giles sans répondre, poussa vive

ment la porte et entraîna Poliveau, presque malgré lui, dans l'intérieur de la chambre.

Deux femmes étaient debout au milieu de cette pièce étroite et sombre.

Autant qu'on pouvait en juger à la clarté crépusculaire qui se glissait par l'unique fenêtre, l'une était âgée de quarante à quarante-cinq ans; vêtue comme les riches bourgeoises de cette époque, elle tenait à la main un de ces masques de velours noir que les femmes d'une certaine condition portaient toujours en ville ou en voyage. Ses traits étaient encore assez agréables, mais leur mobilité désignait un caractère léger et irascible sans nuire toutefois à l'expression de bienveillance répandue sur sa physionomie.

L'autre était plus mince, plus élancée et beaucoup plus jeune en apparence que sa compagne. Elle portait le costume blanc des novices : un long voile enveloppait sa tête et cachait entièrement son visage. Elle s'appuyait sur son amie, comme si elle n'eût pu se soutenir sans aide.

En se trouvant tout-à-coup en présence de ces dames, immobiles et muettes, semblables à deux ombres dans l'obscurité de la chambre, Poliveau ressentit au cœur une commotion électrique. Il ne jeta qu'un regard, un seul, sur celle qui portait un voile, et toute son âme fut bouleversée. Il n'eut la force ni de s'incliner devant les visiteuses, ni de prononcer une parole de politesse; il demeura à la place où Giles l'avait laissé, sans avancer ni reculer, frappé de stupeur.

De son côté la dame voilée chancelait. Son haleine était bruyante, oppressée.....
Poinselot et l'autre étrangère se tenaient à l'écart, et leurs regards allaient du vieillard à la jeune novice avec anxiété. Il y avait dans ce silence de deux personnes, qui s'entrevoyaient à peine et qui cependant se connaissaient si bien, quelque chose de poignant dont eût été frappé le spectateur le plus indifférent.

Tout-à-coup un cri aigu, déchirant,

un de ces cris que nulle langue ne pourrait reproduire se fit entendre. En même temps la novice rejeta son voile et courut vers le vieillard, les bras ouverts, en disant :

— Mon père ! mon père ! c'est moi !

C'était en effet Rosette ; non plus la fraîche et rieuse jeune fille dont la gaîté et le gracieux babil attiraient les chalands dans la boutique de Poliveau. Une année de souffrances avait entièrement changé le caractère de sa beauté ; maintenant elle était frêle, mélancolique ; son visage était blanc comme les vêtements de religieuse qui l'enveloppaient.

Giles et la dame étrangère en entendant

ce cri du cœur si plein de confiance, espérèrent que le vieillard ne saurait pas lui résister. En effet, Poliveau sembla d'abord vaincu par la nature ; il fit un mouvement comme pour embrasser la malheureuse enfant ; mais presqu'aussitôt il recula d'un pas et la repoussa en s'écriant d'une voix altérée :

— Que me veut cette femme ? Maudit soit celui qui m'a conduit dans ce piége ! Ne m'approche pas ! ne me touche pas ! tu me fais horreur !

Terrifiée par cette violence la pauvre fille recula à son tour et se laissa tomber sur un siége à demi-morte.

Giles Poinselot et la compagne de Rosette avaient sans doute beaucoup compté sur l'effet irrésistible d'un premier moment; en voyant le mauvais succès de cette tentative, une vive consternation se peignit sur leurs visages. L'apprenti courut à Poliveau qui faisait mine de vouloir quitter la chambre et le retint par le bras; l'étrangère soutenait la jeune fille et s'écriait avec cet accent d'exaspération si éloquent chez une femme, lorsqu'une autre femme est victime d'une injustice :

— Sainte Marie, mère de Dieu! sire Poliveau, que signifient cette obstination et cette brutalité? N'est-il pas certain aujourd'hui que Rosette n'a pas commis les fautes que vous lui reprochez? En vérité, maître, si cette rigueur est le résultat de votre probité si vantée, il serait à désirer que vous fussiez un peu moins honnête homme, car vous seriez meilleur père.... Votre conduite est indigne ; oui, c'est moi qui vous le dis, votre conduite est odieuse, dénaturée...

Celle qui parlait avec tant d'assurance et de passion était l'épouse du lieutenant-criminel à qui Poliveau avait autrefois confié sa fille. L'affection de la bonne dame pour Rosette depuis une année, lui faisait un devoir de défendre sa pupille. D'ailleurs, si elle était vraiment compatissante, elle était aussi verbeuse et irascible. On disait que plus d'une fois elle avait tenu tête au redoutable magistrat, son seigneur et maître. Exaspérée par l'acceuil cruel que Poliveau faisait à Rosette, elle n'eût donc pas cessé de sitôt ses invectives si le vieillard ne l'eût interrompue en lui disant avec dignité :

— Epargnez-vous ces plaintes et ces reproches, mademoiselle (on ne donnait alors le titre de madame qu'aux épouses des gentilshommes ayant rang de chevalier;) Dieu seul, qui nous jugera tous, peut s'établir juge entre cette créature déshonorée et moi.... En lui conseillant cette folle démarche, on a espéré, que le temps aurait effacé de ma mémoire le souvenir de ses fautes : on s'est trompé. Elle s'est trompée elle-même, si elle a cru qu'une année d'absence aurait épuisé ma colère.... Emmenez-la ; qu'elle oublie le chemin de ma demeure, et qu'il lui suffise de penser qu'elle n'en est pas chassée comme la première fois.

La fermeté de ces paroles, le calme avec lequel elles étaient prononcées, imposèrent à la protectrice de Rosette ; mais en ce moment la jeune fille se leva, essuya ses yeux rouges de larmes et dit avec douceur, mais avec une sorte de fierté :

— Mon père, la circonstance où nous nous trouvons est solennelle... si j'ai osé affronter votre colère imméritée, c'est que j'ai un devoir à remplir auprès de vous. C'est peut-être la dernière fois que je vous vois... vous ne pouvez refuser de m'entendre !

— Je refuse pourtant, répliqua l'échevin en tournant la tête avec opiniâtreté; que peut-elle me dire que je ne sache déjà?

— Maître, s'écria Giles d'un ton suppliant, par tout ce que vous avez de plus sacré! écoutez votre fille...

— Sire Poliveau, ajouta la Défunctis, vous ne pouvez sans péché repousser sa prière... Dieu vous punirait à la fin de votre aveuglement.

Le vieillard hésita.

— Eh bien j'y consens à cause des amis qui le désirent, dit-il enfin en s'asseyant mais finissons vite de grâce ce pénible entretien.

Rosette resta debout devant lui ; pendant quelques secondes elle parut occupée à se calmer. Elle reprit enfin, avec l'accent d'une douceur angélique :

— Les prières des étrangers ont aujourd'hui plus de pouvoir sur mon père que les miennes... et cependant, continua-t-elle en adressant à l'apprenti et à sa compagne un sourire plein de reconnaissance, soyez bénis l'un et l'autre pour la faveur précieuse que je dois à vos instances...

Elle s'interrompit encore ; elle continua après une pause :

— Mon père, bien que vous ayez abdiqué tous vos droits sur moi, je ne vous en dois pas moins compte de mes actions et de mes projets... Demain je quitterai le monde et je prononcerai des vœux éternels dans le couvent des Bénédictines de l'Ave-Maria... je viens comme une fille respectueuse, vous demander votre approbation !

Malgré son parti pris de se défendre de toute émotion, Poliveau tressaillit et devint pâle.

— Elle quitte le monde ! elle se fait religieuse ! s'écria-t-il ; cela est-il possible ?...

— Oui, oui, cela n'est que trop vrai !

s'écria la Defunctis incapable de se taire plus longtemps; on a reçu ce soir même, les dispenses de noviciat que madame l'abbesse avait demandées à l'archevêché; cette malheureuse enfant a voulu fixer à demain matin la cérémonie.... Par pitié, sire Poliveau, usez de votre autorité pour l'empêcher de faire cette démarche inconsidérée! La règle de ce couvent est si sévère! On vit de racines et on couche sur la dure... On ne sort jamais du cloître une fois qu'on a prononcé ses vœux... Il faut rompre avec sa famille, avec ses amis!... De grâce, défendez-lui d'accomplir ce sacrifice; elle s'en repentirait plus tard! Personne encore, excepté madame l'abbesse et moi, ne connaît ce projet; Rosette peut revenir sans honte sur sa détermination. Au couvent on ignore encore pour quelle fête on pare l'église... Dites-lui cela comme je le lui ai dit moi-même... Dites-lui aussi qu'elle peut encore trouver d'heureux jours dans le monde, dites-lui...

— Je n'ai rien à dire, mademoiselle, interrompit le marchand en faisant un visible effort sur lui-même ; puisque Dieu appelle à lui cette jeune fille, il ne faut pas la détourner de sa voie.

La femme du magistrat frappa du pied avec violence.

— Oh ! le lâche et barbare père ! s'écria-t-elle au comble de l'indignation.

Rosette lui adressa un coup-d'œil suppliant; elle reprit avec le même son de voix pur et plaintif :

— Je vous remercie de votre condescendance, mon père, mais ce n'est pas tout encore... Au moment de me séparer à jamais du monde et de vous, je dois prendre Dieu à témoin de mon innocence au sujet des fautes que vous m'imputez... je dois pousser encore une fois en votre présence ce cri que vous n'avez pas voulu entendre : Je ne suis pas coupable! je ne suis pas coupable!

Rosette avait une main sur son cœur, l'autre était levée vers le ciel; son geste, sa pose, ses longs vêtements blancs, son regard inspiré lui donnaient dans la demi teinte une apparence surnaturelle. La conviction de Poliveau fut enfin ébranlée.

— Me serais-je trompé, mon Dieu? s'écria-t-il avec une sorte de frayeur religieuse; serait-il possible qu'elle fut innocente?

Rosette tomba à genoux.

— Oh! vous vous êtes trompé, mon père, s'écria-t-elle avec véhemence, vous vous êtes trompé, je le jure... Mais vous ne me croirez plus! vous ne pouvez plus me croire!... Dieu pour me punir de mon orgueil et de ma frivolité d'autrefois, vous a envoyé cet aveuglement à l'égard de votre fille... Eh bien, mon père, je n'invoque plus mon innocence, je n'ose plus vous demander justice puisque ce mot excite votre colère, je vous demande pardon et pitié... Mon père, pour votre repos, pour le mien, ne souffrez pas que je meure avec votre inimitié... Demain j'aurai quitté le monde et je vous aurai dit un éternel adieu ; ne souffrez pas que je me mêle aux saintes filles qui seront désormais mes compagnes, chargée de votre malédiction... Rétractez la, mon père, rétractez-la, je vous en prie, et si Dieu me refuse le bonheur de vous convaincre de mon innocence, dites-moi, du moins, que, coupable ou non, vous m'aimez encore !

Le vieillard voulut se raidir contre un

sentiment plus fort que lui ; mais les larmes jaillirent de ses yeux, il ouvrit les bras sans prononcer une parole, et Rosette s'y précipita.

COMBATS.

CONBITY.

XI.

Le père et la fille se tinrent un moment embrassés, Poinselot pleurait de joie à la vue de cette réconciliation inespérée; la protectrice de Rosette levait les bras au ciel en murmurant :

— Enfin cet homme se souvient qu'il est père !

Tout-à-coup Poliveau s'écria avec transport :

— Une lumière ! par pitié, une lumière !... que je voie ma fille, ma Rosette bien aimée ! Il y a si longtemps que je n'ai vu ma fille !

L'apprenti s'empressa de déférer au désir de son maître ; il alluma une lampe qu'il posa sur la table.

— Serait-il vrai ? disait Rosette avec une explosion de tendresse en se suspendant au cou du vieillard, est-il possible que vous m'aimiez encore ?

— Si je t'aime? mon Dieu! Eh! ne t'ai-je pas toujours aimée lors même que ma colère était à son comble? Écoute, la nuit je prononçais ton nom... je t'appelais et puis je pleurais... Ces larmes, ma conscience me les reprochait comme une lâcheté, et cependant je trouvais une douceur ineffable à les répandre!... Mais comme te voilà pâle et faible, ma pauvre enfant, toi que j'ai vue si fraîche et si rose!... Comme tes yeux sont tristes! et cependant comme tu es belle!... plus belle que jamais peut-être... Pauvre petite, le fardeau de nos malheurs t'a donc aussi paru bien lourd?

— Oh! oui, oui, bien lourd, mon père! mais j'oublie mes chagrins passés, je suis heureuse! j'aurais acheté par le sacrifice de ma vie le moment qui vient de s'écouler, le moment où je vous ai vu m'ouvrir vos bras... Maintenant il ne me reste plus rien à désirer sur la terre, sinon que Dieu vous rende le bonheur comme vous me l'avez rendu !

— Allons, allons, tout ira pour le mieux! interrompit la bonne Defunctis d'un air résolu et en s'essuyant les yeux. Vous voici devenus raisonnables... ainsi donc il n'est plus question de couvent, de vœux, de réclusion éternelle? A quoi vous servirait de vous être réconciliés, si vous deviez vous séparer pour toujours?

— J'obéirai aux ordres de mon père,

quels qu'ils soient, dit Rosette en baissant les yeux.

Le vieillard prit un air grave et réfléchi.

— Je ne veux pas qu'il y ait rien de changé dans les projets de cette enfant, dit-il d'un ton austère ; je ne sais pas exactement quels sentiments secrets l'ont poussée à se donner à Dieu... j'ignore si ce n'est pas un devoir pour elle d'accomplir ce sacrifice... aussi, quoiqu'il doive me coûter de me séparer d'elle après l'avoir un instant retrouvée, je ne m'opposerai pas à ce qu'elle obéisse peut-être aux impulsions de sa conscience !

— Je vous comprends, mon père, répliqua la belle drapière avec mélancolie ; vous m'avez pardonné, mais vous n'êtes pas sûr encore de mon innocence... vous pensez qu'à mes yeux, comme aux yeux du monde, les fautes que vous me reprochez, peuvent avoir besoin d'une expiation... Mon père, ma conscience est pure, mais vos désirs sont sacrés pour moi ; demain je prononcerai mes vœux... je trouverai la paix du cœur dans le cloître où je vais entrer, si je puis croire que par mon obéissance j'ai mérité votre pardon sans réserve.

Poliveau embrassa de nouveau sa fille, mais il n'ajouta rien pour la faire changer de détermination. La compagne de Rosette ne montra pas la même résignation :

— Mais c'est de la folie, cela! s'écria-t-elle, conçoit-on pareille inconséquence? Songez-y donc, sire Poliveau ; on m'a dit que, grâce à votre digne apprenti, vos affaires étaient sur le point de s'arranger; vous allez quitter enfin ce vilain enclos du Temple et retourner à votre boutique. Alors votre fille vous sera plus nécessaire que jamais... Ne secouez pas la tête; cette pauvre Rosette n'est coupable qu'à vos yeux, tout le monde l'aime, l'estime comme autrefois, et elle sera encore la bien-venue chez tous vos amis... Pourquoi renoncer de gaîté de cœur au bonheur qui vous est réservé, si vous savez en profiter? Rosette, en prenant le parti extrême d'entrer en religion, écoutait seulement son désespoir de n'avoir pu fléchir votre colère; maintenant qu'elle y est parvenue, ses pensées ne doivent plus être les mêmes.... Si elle prononce des vœux inconsidérés, elle mourra bientôt de tristesse et de repentir.

— Que me dites-vous là? Elle, mourir?

— Mademoiselle! murmura Rosette avec angoisse.

— Oui, continua la bourgeoise sans l'écouter, elle en mourra, car, s'il faut l'avouer, je soupçonne qu'elle aime quelqu'un dont elle est aimée, et...

Poliveau fronça le sourcil.

— Mademoiselle, interrompit-il brusquement, peut-être le moment est-il mal choisi pour parler de semblables choses... il y a de l'imprudence à éveiller en moi des souvenirs... que je voudrais étouffer. Cependant, continua-t-il, si Rosette avait nourri dans son cœur quelque secret espoir qui l'empêcherait de se vouer à Dieu, elle est libre. Seulement....

— N'achevez pas, mon père, dit la jeune fille avec véhémence ; ne prononcez plus de paroles de doute et de colère... Le zèle de ma généreuse amie l'a entraînée trop loin ; aucun sentiment humain n'est plus capable de me détourner du projet que vous avez approuvé ; ma détermination est irrévocable.

Le bonhomme sourit tristement en

écoutant cette assurance d'une séparation immédiate et éternelle; un doute secret subsistait encore au fond de son cœur; et tel était le pouvoir de la conscience sur cet homme inflexible qu'il sacrifiait à un soupçon vague ses plus tendres affections.

— Allons! dit l'épouse du magistrat en se levant, il ne me reste plus qu'un espoir et je m'applaudis maintenant d'avoir mandé celui qui peut seul empêcher ces malheureux de commettre une grande faute... Mais l'heure s'avance et il ne vient pas!

— De qui donc parlez-vous, mademoiselle? demanda le bonhomme avec inquiétude.

— D'une personne qui a su m'intéresser à ses chagrins, à ses remords, d'une personne dont je connais le noble caractère et les généreuses intentions ! Elle devrait être ici : je lui ai écrit un billet pour l'avertir que nous devions nous trouver ce soir à l'enclos du Temple... mais je ne lui ai pas parlé de la fatale et subite détermination de Rosette. Oh ! mon Dieu, s'il allait ne pas venir ! Lui seul pourrait peut-être...

En ce moment, un bruit de pas précipités retentit dans l'escalier.

— Ah ! le voici, enfin ! s'écria la bourgeoise.

— Mais de qui s'agit-il donc ?

— Du marquis de Villenègre.

— Je ne le verrai pas! s'écria Poliveau en fureur; que vient faire ici cet indigne gentilhomme? veut-il encore troubler le bonheur de cette réconciliation entre une fille et son père? Giles, empêche-le d'entrer... je ne le verrai pas...

Giles s'élança pour obéir à cet ordre qui s'accordait si bien avec ses vœux secrets, mais avant qu'il eût touché la porte, elle s'ouvrit brusquement et Villenègre entra.

— Qu'avez-vous fait? dit Rosette bas à sa compagne en se cachant le visage dans ses mains: tout est perdu!

Villenègre était pâle et hors d'haleine; rien dans son extérieur ne rappelait plus le frivole gentilhomme que nous avons dépeint dans la première partie de cette histoire. Un amour sérieux et profond, un sincère désir de réparer ses imprudences passées, avaient prématurément mûri sa raison et donnaient à ses traits un caractère viril qu'ils n'avaient pas autrefois. La Defunctis s'élança su-devant de lui et le prenant par la main, elle l'introduisit dans la chambre en s'écriant :

— Arrivez donc, monsieur le marquis! et plaidez vous même votre cause!... Ne vous effrayez pas du mauvais vouloir de ceux qui vous écoutent, et parlez avec cette chaleur, cet entraînement que vous avez

lorsque vous me racontez vos chagrins.....
Parlez, parlez vite, car vous venez bien tard!

— Mademoiselle, dit le jeune homme avec une gravité mélancolique, on peut pardonner à un fils d'avoir hésité à quitter le chevet de son père mourant... Il fallait que le nom d'une femme qui m'est chère à tant de titres eût été prononcé pour que j'osasse me dérober un instant à des devoirs sacrés.....

—Que me dites-vous ? monsieur le duc votre père serait-il si mal?

—Depuis ce matin, il est tombé dans un état d'irritation et de fièvre qui pré-

sente le plus grand danger... on craint
que d'un moment à l'autre...

— Vous l'entendez? s'écria la femme
du magistrat en s'adressant à Poliveau;
par pitié, ne précipitez rien... Bientôt
M. de Villenègre va être libre et maître
de ses actions. Demain peut-être l'obstacle qui séparait ces deux jeunes gens n'existera plus...

— Mademoiselle, s'écria Poliveau avec
impétuosité, c'est à votre considération
seule que ce jeune homme dont le nom me
rappelle tous mes maux, doit d'être resté si
longtemps dans ma demeure.... Cependant
il doit comprendre combien sa présence
m'est odieuse et il ne m'obligera pas à lui
dire.....

— Ne vous éloignez pas, monsieur le marquis, dit la bonne dame, qui avait vu le gentilhomme rougir à ce nouvel outrage; les malheurs de ce pauvre vieillard ont troublé sa raison et l'aveuglent sur ses plus chers intérêts... Ecoutez-moi : si vous ne parvenez en ce moment à vaincre l'obstination du père et de la fille, Rosette va s'ensevelir pour toujours dans un cloître... c'est demain matin qu'elle doit prononcer ses vœux au couvent de l'Ave-Maria...

Villenègre parut atterré par ce coup imprévu.

— Demain matin! s'écria-t-il; oh! cela ne sera pas!

— Et pourquoi non, monsieur ? Q'importe au marquis de Villenègre si la pauvre enfant qu'il a perdu aux yeux du monde, aux yeux de son père peut-être, cherche dans la religion un refuge contre les maux dont il est l'auteur?... Laissez, laissez en paix vos victimes, et ne venez pas troubler par votre odieuse présence nos derniers adieux !

Mais Villenègre resta immobile.

— Je vous ai déjà dit bien des fois, monsieur, reprit-il d'un ton calme, que vos accusations étaient injustes, je ne cesserai, de quelque injure que vous m'accabliez, de rendre hommage à la vérité. Vos droits sont grands sur votre fille mais ils ne sont pas sans limites... Par une témérité que je déplore de toute mon âme, j'ai détruit son repos, déchiré son cœur, terni sa réputation, vous ne pouvez me refuser la faculté de satisfaire à ma conscience et à mon honneur en accordant à Rosette la réparation qui lui est due. Si donc la fatale détermination dont parle mademoiselle Defunctis est vraie, je vous adjure de n'y pas donner suite... Attendez que les impossibilités qui s'opposent à mes plus chères volontés soient aplanies, et peut-être, continua-t-il d'une voix altérée, le délai que je demande sera-t-il bien court!

Ce langage digne et mesuré parut produire quelque impression sur Poliveau lui-même.

— Ces projets de mariage sont-ils donc

sérieux? dit il en attachant sur Henri un regard inquisiteur; le marquis de Villenègre a-t-il réellement conçu la pensée de donner son nom, son rang, sa fortune à la fille d'un bourgeois banqueroutier, de poser un jour sur son front plébéien une couronne de duchesse? De pareils récits se trouvent dans les livres du temps passé, mais je pensais que, si un jeune gentilhomme de nos jours mettait en avant de tels projets, c'était seulement pour duper une pauvre famille, ou pour tromper une fillette trop vaine et trop ambitieuse !

— Et cependant, monsieur, s'écria Henri avec feu, je vous le jure, depuis le jour où ma légèreté funeste a compromis votre fille, je n'ai pas cessé un moment de chercher les moyens de me réhabiliter noblement à vos yeux et aux siens... Malheureusement, dans l'accomplissement de ce qui était pour moi un devoir sacré, je me suis heurté à une volonté inflexible, celle de mon père... Ne me forcez pas à vous répéter qu'au moment où je vous parle, cette volonté n'est plus peut-être un empêchement pour moi!

Poliveau semblait chercher la trace d'un mensonge ou d'une arrière-pensée dans chacune de ces paroles. Quoique son examen fût tout à l'avantage du jeune homme, il reprit d'un ton de défiance :

— Monsieur de Villenègre, ou je me suis bien trompé sur le caractère des gentilshommes de notre temps, ou vous avez un autre motif, dont vous ne parlez pas, pour réclamer avec tant d'insistance...

—Je n'ai d'autre motif que mon amour pour cette charmante et malheureuse enfant! s'écriat-il avec chaleur ; je veux rendre un nouveau lustre à une famille honorable que j'ai vouée à la honte, effacer par mes soins par mon dévoûment, par mon affection, le souvenir de ma faute.... Oh! ne m'enviez pas cette satisfaction, monsieur, et, par pitié ne souffrez pas que votre fille prenne conseil de son désespoir !... Je me reprocherais toute ma vie d'avoir été la cause de ce malheur comme de tous les autres !

Le jeune homme s'arrêta, attendant son arrêt :

— Hein, qu'est-ce que je vous disais? murmura la Defunctis ; aurez-vous le cœur de résister à de si belles choses?

Poliveau réfléchissait ; tout-à-coup il se tourna vers Rosette et lui dit d'un ton étrange :

— Et vous, ma fille, que pensez-vous de la proposition de M. de Villenègre?

La belle drapière, sans répondre, s'enveloppa dans son voile blanc de novice.

— Je vous demande, reprit le vieillard si vous seriez disposée à renoncer au couvent pour épouser l'homme à qui nous devons tous nos maux?

Rosette répliqua d'un ton bas et timide.

— Je me suis cruellement repentie, mon père, de n'avoir pas toujours suivi vos volontés... Vous êtes l'arbitre de mon sort .. je vous obéirai aveuglément.

Cette réponse ne parut pas encore assez explicite à l'ancien échevin.

— Cela est fort bien, Rosette; mais supposez que je vous laisse entièrement libre de choisir entre Dieu et le marquis de Villenègre... qui choisirez-vous?

Tous les regards se tournèrent vers elle.

Rosette semblait en proie à une affreuse torture morale. Enfin elle souleva lentement sa tête et elle répondit d'une voix faible:

— Mon père, rien dans ce que je viens d'entendre ne doit changer la détermination que j'avais prise seule et que j'avais mûrie dans la solitude... Je remercie M. de Villenègre de ses intentions honorables; il était digne d'un gentilhomme de vouloir réparer par un mariage le tort causé à une jeune fille obscure, dont mieux que personne il connaissait l'innocence; mais à son tour elle a le droit de ne pas accepter un sacrifice... La fille du bourgeois Poliveau, du marchand ruiné qui a cherché un refuge dans l'enclos du Temple, celle enfin qu'en d'autres temps l'on a appelée la *belle drapière*, et que toute la noblesse a vue occupée à des travaux vulgaires derrière le comptoir d'une boutique, ne peut être marquise de Villenègre.... elle se rend justice et elle s'explique aisément la résistance du duc de Villenègre, car une pareille union serait une mésalliance pour son fils.... Non, monsieur le marquis, continua-t-elle en s'animant à mesure qu'elle parlait, je ne veux pas abuser d'un mouvement de générosité peut-être exagéré, d'une affection peut-être irréfléchie de la part d'un homme bien jeune encore et sans expérience... D'ailleurs, je suis trop fière pour entrer, malgré elle, dans une famille qui rougirait de moi... La condition où je suis née, est encore trop élevée pour que j'accepte des humiliations dans une condition supérieure... Enfin, s'il faut tout vous dire, mon esprit se révolte à la pensée d'attendre, pour que la réparation dont vous parlez soit possible, la mort d'une personne...

Le marquis fit un mouvement de désespoir en murmurant :

— Mon Dieu ! elle ne m'aime pas !

La Defunctis était stupéfaite. Poliveau au contraire semblait glorieux de cette réponse. Il courut à sa fille et l'embrassa avec transport en s'écriant :

— Bien! bien! Rosette... maintenant j'en suis sûr, celle qui a pu rejeter avec tant de dignité et de raison les propositions honorables d'un riche et brillant gentilhomme n'a pu encourager les démarches d'un séducteur... Ce n'est donc plus à toi d'implorer mon pardon, c'est à moi d'implorer le tien, moi qui t'ai maudite et outragée, moi qui t'ai repoussée, livrée à la merci des étrangers! Pardonne-moi, ma fille; et dans le couvent où tu vas entrer, tu emporteras à jamais la tendresse de ton pauvre père!

Rosette, comme si l'effort qu'elle venait de faire eût épuisé ses forces, était retombée dans un morne abattement.

— Monsieur le marquis, reprit Poliveau,

vous avez entendu la décision de ma fille, je n'y ajouterai rien. Je rends justice à mon tour à la générosité de vos sentiments... je le reconnais, vous n'avez pas hésité à proposer le seul remède possible aux maux dont vous êtes la cause... Cette déclaration, de ma part, doit satisfaire, je le pense, les exigences de votre conscience et de votre honneur... Et maintenant, monsieur de Villenègre, permettez-moi de vous le rappeler : chaque moment qui s'écoule peut, d'après votre propre aveu, être le dernier de votre père !

Le marquis tressaillit à ce souvenir ; mais la résolution funeste et inattendue de Rosette l'occupait trop profondément pour ne pas étouffer toute autre pensée.

— Mademoiselle, dit-il d'un ton suppliant, de grâce ne me poussez pas au désespoir... laissez-moi espérer que vous reviendrez de ce fol enthousiasme... ou du moins, si votre décision est irrévocable, qui vous oblige à l'accomplir sitôt? Attendez quelques jours encore... Pour vous, pour votre père, pour vos amis, réfléchissez à ce que vous allez faire. Dieu punit aussi une démarche inconsidérée... ne fût-ce que par le repentir!

Rosette pleurait derrière son voile, mais elle se taisait.

— Ainsi donc, continua le jeune homme tristement, je m'étais trompé sur vos sentiments, lorsque, par dévoûment pour moi, vous avez, dans une nuit fatale, bravé la colère de votre père, appelé sur votre tête son mépris et le mépris du monde? Cette générosité, qui a exalté ma reconnaissance, n'était donc pas autre chose qu'un sentiment de rigoureuse justice?

— Assez, monsieur, interrompit Poliveau avec autorité, le silence de Rosette doit vous suffire... Ma fille, par suite sans doute des chagrins qui l'ont accablée depuis une année, s'est sentie une vocation véritable pour le cloître, et...

— Je ne croirai pas cela! je ne croirai jamais cela! s'écria la Defunctis d'un ton irrité; oh! je n'ai pas peur de vous, maître Poliveau.... j'en ai vu de plus terribles que vous et ils ne m'ont pas effrayé ; rien ne m'empêchera de vous dire votre fait... Vous sacrifiez votre fille à un vain point d'honneur, à je ne sais quel scrupule d'amour-propre ; voilà la vérité. Vous voulez soutenir que Rosette a un goût bien décidé pour le couvent, mais je suis sûre du contraire, et l'abbesse de l'Ave-Maria, ma parente, m'assurait ce soir même que cette pauvre enfant se préparait de grands regrets pour l'avenir, si elle prenait le voile... Elle a encore des idées trop mondaines, elle est trop attachée aux affections terrestres pour être une bonne religieuse ; elle n'en conviendra pas, mais elle sait bien que je ne me suis pas trompée sur ses goûts secrets... Si donc elle persiste dans son projet, c'est qu'elle craint votre colère; elle est convaincue qu'elle n'obtiendra votre pardon complet qu'au prix de son obéissance. Refuser sa main à un jeune gentilhomme beau, riche, de grande naissance, ce n'est qu'une sottise; mais l'obliger, elle, pour conserver votre affection, dont elle a toujours été digne, à renoncer au monde, à se vouer pour la vie aux austérités d'un couvent rigide, voilà ce que je ne saurais souffrir, et, je vous le dis tout net, vous êtes un mauvais père!

Cette vigoureuse apostrophe loin d'irriter Poliveau, parut le faire rentrer en lui-même. Les reproches de sa conscience avaient peut-être précédé ceux de l'irascible bourgeoise.

— Un mauvais père, moi! s'écria-t-il; Rosette, ma fille, aurais-tu conçu la même pensée?... Mais qui donc doit souffrir plus que moi de cette séparation cruelle? A qui doit-elle coûter plus de larmes? Je suis vieux, souffrant, épuisé, accablé sous le poids de la honte, menacé par la pauvreté, et je vais me retrouver seul en face de tant de maux... De toute ma famille, il ne m'est resté qu'une enfant chérie dont la vue m'eût donné du courage, dont l'affection m'eût dédommagé de tout le reste, et je consens à ne plus la revoir, à lui dire un éternel adieu!... Qui donc ose croire, si j'accepte ce sacrifice, que je n'en serai pas la première, la plus misérable victime?

Il s'arrêta suffoqué par les sanglots; il reprit après une pause :

— Eh bien! quoi qu'il doive arriver, personne ne pourra attacher à mon nom cette odieuse qualification de *mauvais père*... Il y a peut-être un autre moyen que le couvent pour rendre à Rosette l'estime des autres, la paix de son propre cœur... Ma fille, écoute-moi et pèse avec soin chacune de mes paroles : l'éclat fâcheux de la catastrophe qui a causé nos malheurs t'a donné dans le monde une position funeste... Ton entrée dans un couvent eût fait taire la calomnie, effacé le scandale; mais si telle ne devait pas être ta pensée, il se présente une autre voie de reconquérir la considération et le respect du monde... Cherche un mari, non plus dans une condition supérieure à la tienne, mais dans un rang égal au tien. Sous sa garantie, tu affronteras avec courage le mauvais vouloir et la médisance... Pour moi, continua t-il en jetant un regard sur Giles Poinselot, je connais un brave et loyal garçon qui n'a jamais douté de ton innocence. J'en suis sûr, il n'hésiterait pas à resserrer les liens qui m'attachent déjà à lui!

— Oh! de toute mon âme! s'écria Giles en tressaillant.

Rosette voulut parler.

— Ecoute encore, ajouta Poliveau avec un accent de bonté ; avant de te prononcer, tu vas connaître l'étendue des obligations que j'ai contractées depuis un an envers mon ancien apprenti... Sans lui, ma fille, sans son affection attentive et ses soins empressés, ton père peut-être n'existerait plus; c'est à son zèle, à son dévoûment, que je dois de te voir encore! Je suis bien pauvre, Rosette, pour acquitter de semblables dettes de reconnaissance, et cependant si tu te rendais à mes prières, Giles ne me croirait pas certainement en reste avec lui... Il t'aime depuis longtemps, ma fille, non pas de cet amour turbulent et fier de certains gentilhommes, mais de l'amour simple et modeste, quoique profond, d'un homme de cœur... Décide, mon enfant, tu es libre dans ton choix... J'ajouterai seulement quelques considérations capables de te toucher puisqu'il s'agit de mon honneur : d'un moment à l'autre mes affaires vont s'arranger; je pourrai reprendre mon commerce dans notre ancienne maison de la rue de la Tixeranderie. Je suis faible maintenant, sans énergie; mais je laisserais la maîtrise à un gendre qui ferait prospérer les affaires comme autrefois; je reverrais la vieille enseigne de mes pères se balancer au-dessus de notre porte, et ce serait pour moi une bien douce consolation après tant de chagrins... Cet avenir possible, ma fille, t'offrirait plus de chances de bonheur que ces espérances orgueilleuses auxquelles je ne saurais me livrer.

Soit embarras de répondre, soit incertitude véritable, la jeune fille parut hésiter. Giles l'observait avec angoisse :

— Rosette, s'écria-t-il, ne vous opposez

pas aux vœux de votre digne père. Il exagère sans doute mes faibles et impuissants services ; mais je vous aime, du jour où je vous ai vue pour la première fois, quoique je n'aie jamais osé vous le dire comme les autres ! Je faisais tout pour vous plaire... Si j'ai cherché pendant un temps à prendre les habitudes des gentilshommes, c'était afin de flatter votre penchant pour tout ce qui ressemble à la noblesse... Consentez à devenir ma femme; je suis bien peu de chose, je suis sans fortune, sans famille, sans naissance, mais je travaillerai pour vous; il ne se passera pas un moment de ma vie que je ne l'emploie à assurer votre bonheur... Je vous rendrai heureuse, je vous le promets, je vous le jure !

Rosette le regarda d'un air d'attendrissement profond :

— Je n'ignorais pas les services que vous nous avez rendus, Giles, dit-elle avec un accent pénétré; j'ai apprécié les excellentes qualités dont vous avez donné tant de preuves, et bien des fois déjà votre nom a été prononcé avec celui de mon père, dans les ardentes prières que j'adressais à Dieu... Ainsi donc, Giles, mon frère, mon ami d'enfance, ne donnez pas une interprétation fâcheuse à mes paroles... Mon père vous l'a dit, un éclat funeste m'a déshonorée aux yeux du monde; je n'associerai jamais à mon sort un homme honnête et généreux... il pourrait se repentir plus tard d'avoir accepté la moitié de la réprobation qui pèse sur moi. Non, tout ce que je vois, tout ce que j'entends me confirme encore dans mon premier dessein ; je ne puis plus appartenir au monde, je me vouerai toute entière à Dieu... Il le faut, c'est une nécessité que je dois subir; je la subirai, sinon sans quelque regret, du moins sans plainte.

— Oh ! ce n'est pas cela, Rosette, ce n'est pas cela! s'écria le pauvre Giles désespéré. Vous aimez mieux vous ensevelir à jamais dans un couvent que de donner votre main à un malheureux... car vous le haïssez !

La belle drapière tourna la tête pour cacher la rougeur que ce reproche venait d'appeler sur son front. Poliveau se leva :

— Vous l'avez entendu, dit-il aux assistants, Rosette a déclaré ses véritables sentiments... Il n'appartient plus à personne de chercher à combattre des scrupules respectables.

Cependant, Villenègre à qui le dernier refus de Rosette avait rendu quelques espérances, allait insister pour obtenir de la jeune fille une réponse plus favorable à ses vœux; la Defunctis lui fit signe de se taire.

— Décidément, tous ces gens-là ont perdu la tête ! dit-elle avec son franc-parler ordinaire ; soyez calme, monsieur le marquis, et ne les irritez pas davantage en restant ici contre leur gré... Tout n'est pas fini encore, continua-t-elle en baissant la voix et en le tirant à l'écart ; d'ici à demain on peut susciter bien des obstacles à ce projet... Je soupçonne que la petite nous trompe tous et se trompe elle-même ; je lui parlerai seule à seule. Confiez-vous à moi, monsieur le marquis : vous le savez, je suis dans vos intérêts, et quand ce ne serait que pour faire enrager M. Defunctis, mon honoré mari, qui va conter à votre père tout ce qui se passe, la prise de voile n'aura pas lieu... du moins de sitôt !

— Monsieur le marquis a-t-il encore

quelques ordres à nous donner? demanda Poliveau avec une politesse ironique.

— Il suffit, dit Villenègre d'un ton sombre en se préparant à sortir, je vais quitter cette maison, dont on me repousse, dont on me chasse.... Mais je saurai si la volonté de cette jeune demoiselle est libre, lorsqu'elle déclare en ma présence qu'elle veut entrer en religion... Si je trouve ses sentiments conformes aux miens, lors même que son père me chargerait de malédictions, je jure qu'elle sera ma femme !

En prononçant ces paroles, il salua brusquement et s'éloigna.

En sortant de la maison de Poliveau, le

jeune homme s'engagea dans l'inextricable dédale de venelles et de sentiers dont était remplie cette partie de l'enclos. Les localités étaient peu familières au marquis, habitant aristocratique de la place Royale. D'ailleurs la nuit était entièrement close; le feuillage des arbres interceptait les rayons de la lune, qui se levait à l'horizon. Aussi, encore bouleversé par la scène violente dont il venait d'être un des principaux acteurs, il ne tarda pas à s'égarer dans ce quartier désert, et il arriva à une sorte de place couverte de gazon, au centre de laquelle s'élevaient les donjons noirs, les flèches élancées de la tour du Temple. Cet édifice lui servit à s'orienter, et il allait se diriger vers la grande porte quand le bruit que faisait une personne près de lui, dans l'ombre, vint attirer son attention.

L'inconnu s'avançait lentement, d'un pas irrégulier et mal assuré, se parlant à lui-même et tout haut, suivant l'habitude des ivrognes. Le marquis s'arrêta et prêta l'oreille :

— Palsembleu! disait-on avec impatience, ze ne trouverai donc pas cette satanée tour du Temple, où doit avoir lieu le rendez-vous? Certainement quelque grand diable l'aura emportée pour me faire pièce pendant que ze gagnais l'arzent de ces bourzeois... Les maudits coquins! ils n'avaient pas deux pistoles à eux six, et z'en ai dépensé trois pour les griser...

Pouah ! Fi des vilains !... Mais où diable a-t-on caché cette cienne de tour du Temple ?

En ce moment l'ivrogne, dans lequel on a sans doute reconnu le comte de Manle, se trouvait au pied d'une masure qui de ce côté terminait la place ; il s'arrêta tout-à-coup et poussa un grand éclat de rire :

— Sur ma parole, z'ai la berlue ce soir ! reprit-il d'une voix entrecoupée ; ze cerce la tour du Temple et elle me crève les yeux, ze la touce de la main. (En effet, il promenait sa main le long des parois de la muraille en ruines dont nous avons parlé.) Allons, c'est fort bien et les compagnons me trouveront au rendez-vous !..

Par ma foi, voici de l'herbe qui me paraît fine et douce, ze vais me reposer...

Il s'assit ou plutôt se laissa tomber rudement sur l'herbe. Le marquis en reconnaissant l'homme dont la fréquentation lui avait été si funeste, allait s'éloigner; quelques mots qui arrivèrent encore jusqu'à lui le clouèrent à la même place.

— Oui, le petit Villenègre en enrazcra de déplaisir, continuait de Manle, qui, sans s'en apercevoir, exprimait à haute voix ses réflexions secrètes. Voilà un coup de maître! recevoir cinq cents pistoles du vieux duc pour souffler la Belle-Drapière à ce pauvre marquis... Ah! ah! quelle excellente histoire!

Au nom de la Belle-Drapière, Villenègre ne put se contenir; il s'élança vers le misérable pour obtenir l'explication de ces paroles. De Manle en le voyant, fit un effort infructueux pour se lever sur son séant :

— Ce doit être mon homme ! s'écria-t-il, Holà ! compagnon, est-ce vous qui venez de la part du capitaine Corbineau?

Cette question donna au marquis la pensée de se faire passer pour le personnage que de Manle attendait. La substitution ne semblait pas difficile, eu égard à l'obscurité et à l'état d'ivresse du comte. Aussi Villenègre n'hésita pas;

— C'est moi, dit-il en déguisant sa voix

et en s'enveloppant dans son manteau.

— Seigneur cavalier, reprit l'ivrogne qui cherchait toujours à se relever, je suis à vos ordres... Vous êtes exact; vous deviez venir à dix heures sonnantes, il est dix heures... Au pied de la tour; nous y sommes... Ah! mais un moment! et le mot de passe donc? Moi, ze dois vous dire : *Au diable les nonnes!* et vous?

— Au diable les nonnes! répéta Villenègre machinalement.

—Tiens! que ze souis simple! s'écria de Manle en éclatant de rire, c'est précisément vous qui devez me dire : *au diable les nonnes,* et moi ze dois vous répondre.....

Attendez donc, que dois-ze vous répondre?
Ah! oui, z'y souis : je vous réponds : *Et
vive le Val-des-Ecoliers*! C'est cela compagnon... Nous nous connaissons maintenant;
vous êtes celui que ze cerce et ze souis celui que vous cercez... Allons, conduisez-moi à l'endroit où nous attend le capitaine du Corbineau ; ze souis impatient de
savoir à quoi l'on veut m'employer dans tout
ceci. Ah ça, on a donc dézà enlevé la petite Rosette ? a-t-elle bien fait la méçante ?
Ze la mettrai à la raison, mordieu! vous
verrez... Aidez-moi donc un peu à me relever, camarade; en vérité, ze crois que
z'ai bu un coup de clairet de trop avec ces
coquins de bourzeois....

Villenègre, sombre et pensif, le regardait se tordre à ses pieds sans faire un mouvement pour la secourir.

— Maugrebleu ! reprit l'ivrogne, las de l'inutilité de ses efforts et restant tout-à-coup immobile, ze reconnais bien là un compagnon de ce damné Corbineau ! il n'est ni parleur ni oblizeant... Eh bien, ma foi, cavalier, si tu veux que ze te souive, tu me donneras la main, car du diable si ze bouze de là sans aide ! On enlèvera la belle sans nous et on comptera les pistoles à un autre, voilà tout... Moi, ze m'en vais dormir un peu en attendant que tu te décides... Dieu ! qu'il fait bon dormir !...

Et pour prouver son assertion de Manle

bâilla, allongea le bras et s'endormit brusquement. Le marquis était comme frappé de la foudre.

— Que signifie cette horrible trame, pensait-il, on veut enlever Rosette, on lui a tendu un piége! Oh!... mon Dieu! empêchons cet effroyable malheur!

Laissant l'ivrogne ronfler sur l'herbe, il se mit à courir de toute sa force. Malgré l'obscurité de la nuit et la difficulté du chemin, il eut bientôt franchi la distance qui le séparait de la maison de Poliveau. Une lumière brillait encore à la fenêtre de la chambre occupée par le bonhomme ; cet incident parut de bon augure au jeune Villenègre. Il frappa rudement à la porte;

mais sans prendre le temps de répondre à celui qui venait ouvrir, il s'élança dans l'escalier et gravit avec rapidité les deux étages.

Poliveau était assis sur un grand fauteuil, la visage dans ses mains, en proie à un violent accès de désespoir. Auprès de lui Giles Poinselot, debout et les yeux pleins de larmes, semblait lui adresser des consolations. Tous les deux, en voyant tout-à-coup paraître le marquis, tressaillirent d'étonnement.

— Jeune homme, s'écria Poliveau avec indignation, osez-vous donc encore insulter au chagrin d'un père qui vient d'embrasser sa fille chérie pour la dernière fois?

— Elle est donc partie? demanda le marquis épouvanté.

— Et que vous importe à vous? s'écria Giles impétueusement en s'avançant vers lui; nous sommes tous las de votre obstination à poursuivre Rosette, et je vous déclare....

— Il ne s'agit ni de vous ni de moi, interrompit Henri en frappant du pied, mais d'elle, d'elle seule... De grâce! dites-moi, est-elle partie depuis longtemps? Qui l'accompagnait? Où allait-elle?

Giles voulut répliquer avec vivacité, mais son maître, à qui la démarche mystérieuse du marquis faisait soupçonner un nouveau malheur, répondit d'une voix tremblante :

— Elle est partie il y a quelques instants pour retourner au couvent; elle était accompagnée de mademoiselle Defunctis, et elles sont montées dans un carrosse de louage qui les attendait à la porte. Mais puis-je savoir...

— Vous saurez seulement, répondit Villenègré dans le plus grand trouble, qu'elle est peut-être déjà entre les mains d'hommes pervers, capables de tous les crimes... Il faut que ceux qui l'aiment volent à son secours !

— Miséricorde ! serait-il possible?

— Expliquez-vous, monsieur...

— Je n'en ai pas le temps... il n'y a pas une minute à perdre..... Vous, monsieur l'apprenti, courez chez le lieutenant-criminel Defunctis; dites-lui de se faire suivre par tous les soldats qui sont à sa disposition et de battre le quartier aux environs du Temple... Ou plutôt, continua-t-il d'un air de réflexion, priez-le de se rendre au Val-des-Écoliers... Ce nom doit avoir une signification !... Pour activer le zèle du magistrat, annoncez-lui que sa femme court un grand danger... Vous, monsieur Poliveau, priez Dieu pendant que nous allons chercher à sauver votre malheureuse enfant !

Il voulut s'éloigner.

— Monsieur le marquis, s'écria le vieillard au comble de la terreur, ayez pitié de la douleur d'un père ! Que savez-vous au sujet de Rosette ?

— Je sais qu'elle va être enlevée par un misérable aventurier... elle ne pourra plus appartenir ni à Dieu ni à moi si nous ne l'arrachons des mains de ses ennemis !

En même temps il disparut et on l'entendit descendre à pas précipités.

Au moment où il arrivait sur la place, l'horloge de la tour sonnait dix heures.

— Oh ! mon Dieu, murmura-t-il, il sera trop tard.

Et il se dirigea de nouveau vers l'endroit où il avait laissé de Manle endormi.

LE RAPT.

XII.

Les adieux du père et de la fille avaient été déchirants ; Poliveau, avec ce stoïcisme qu'il puisait dans la fermeté naturelle de son caractère, dans ses idées particulières sur l'honneur et dans sa foi religieuse, avait d'abord paru impassible, quoiqu'il se séparât de Rosette avec la certitude de ne la revoir jamais ; mais, après le départ de la jeune fille son courage avait failli et il mêlait ses larmes à celles de son fidèle apprenti, lorsque l'apparition subite de Villenègre était venue donner un nouveau cours à ses pensées.

Au moment où Rosette et sa compagne quittèrent la maison, la plus profonde obscurité régnait dans l'enclos du Temple. L'une baissa son voile et l'autre remit son masque, puis elles regagnèrent leur carrosse de louage qui stationnait à quelque distance sous les arbres du préau. Giles Poinselot avait voulu les accompagner jusqu'à la voiture pour les préserver de toute insulte ; mais à la porte de la maison, Rosette le supplia avec instance de remonter près de son père dont elle avait deviné les angoisses secrètes. L'apprenti obéit, après avoir sollicité en pleurant la permission d'assister à la cérémonie de la prise de voile qui devait avoir lieu le lendemain matin au couvent de l'Ave-Maria.

A l'approche des dames, la lourde portière qui distinguait ces véhicules primitifs, auxquels on donna plus tard le nom de *fiacres*, fut rapidement abaissée, et une voix rauque les engagea à monter. L'ombre était épaisse et elles ne purent distinguer l'individu qui les aidait à prendre place dans le carrosse; d'ailleurs, elles étaient vivement quoique diversement émues, et elles étaient incapables d'aucune réflexion sur ce qui leur arrivait. Aussitôt qu'elles furent assises, la portière se releva, un coup de sifflet retentit et la lourde machine se mit en mouvement avec toute la vitesse des deux rosses étiques dont elle était attelée.

Si cependant les pauvres femmes avaient eu l'esprit plus tranquille ou si la nuit avait été moins sombre, elles eussent pu remarquer sur le siége du cocher deux personnages suspects qui cherchaient à cacher leurs traits en enfonçant leurs chapeaux sur leurs yeux, tandis qu'à l'arrière de la voiture se tenaient en guise de laquais, deux autres individus soigneusement enveloppés de leurs manteaux. Mais à une époque où l'éclairage public n'existait pas encore, il était naturel que les voitures ne fussent pas munies de lanternes; excepté quelques lumières qui se montraient de loin devant les cabarets et les tavernes, rien ne pouvait donc trahir la présence de ces étrangers. Peut-être l'aspect insolite de cet équipage eût-il excité l'attention des gardes qui veillaient à l'entrée du Temple; mais, soit hasard, soit complicité, au moment où la voiture passa sous la voûte qui donnait accès dans l'enclos, les archers du grand prieur dormaient dans leur corps-de-garde, et la grille était ouverte; le carrosse sortit donc sans encombre et roula bientôt sur la boue fétide des rues non pavées.

Ni l'une ni l'autre ne s'aperçut d'abord que l'on ne prenait pas le chemin du couvent de l'Ave-Maria. Rosette pleurait silencieusement au fond du carrosse, et la Defunctis, par sympathie, ne tarda pas à sangloter comme elle. Cependant ces témoignages de douleur n'affaiblissaient pas la colère de la bourgeoisie contre le père et la fille.

— Oui, oui, pleurons comme des Madeleines, disait-elle avec un mélange singulier d'aigreur et de bonté, et vous verrez si ce déluge remédiera à quelque chose! Sur le salut de mon âme, je n'ai jamais vu de vieillard aussi têtu et aussi dur, de fille plus folle et plus exaltée... Eh depuis quand donc, ma belle, avez-vous gagné cette rage de couvent ?... C'est donc à vos yeux une bien douce chose que d'être religieuse et de passer sa vie derrière les barreaux de fer d'un cloître? Pour moi, je déclare que je ne pourrais vivre plus de trois jours sous les grilles, et je ne m'en suis jamais cachée à ma cousine l'abbesse !

— Mademoiselle, s'écria Rosette, souvenez-vous donc que le pardon et l'amour d'un père étaient à ce prix !

— Eh! que ferez-vous de l'un et de l'autre, lorsque vous aurez prononcé vos vœux et que vous ne pourrez plus voir ni votre père ni personne? demanda la prosaïque Defunctis. Mais écoutez, petite; je vous confesserai une chose : je me suis mis dans la tête que vous ne serez pas religieuse et vous ne le serez pas... J'aimerais mieux encore vous voir épouser ce pauvre diable d'apprenti, qui vraiment m'a fait pitié... J'espérais ce soir, en vous conduisant chez votre père, que tout finirait bien; mes projets ont manqué par votre obstination, mais je ne me donne pas encore pour battue, je vous en avertis... Je vais demander un lit pour cette nuit à ma parente l'abbesse de l'Ave-Maria, car il est déjà tard pour rentrer chez moi. Nous causerons sérieusement encore une fois, et il faudra bien que vous changiez d'avis!

— Eh! le puis-je, mademoiselle? Pour le monde, pour moi, ne faut-il pas que ce sacrifice s'accomplisse? Oh! de grâce, cessez de lutter contre mon inexorable destinée? Vous avez déjà fait assez, trop peut-être, pour une pauvre créature qui s'abandonne elle-même... Que vous importe son bonheur lorsqu'elle-même en désespère?

— Cela m'importe beaucoup, repartit impétueusement la bourgeoise. Écoutez, mignonne, continua-t-elle d'un ton confidentiel et affectueux, je vous aime et je ne voudrais pas vous voir malheureuse, parce que, depuis une année, je suis presque une mère pour vous; puis j'ai encore d'autres raisons pour m'opposer de tout mon pouvoir au coup de tête que vous méditez...D'abord je veux du bien au jeune M. de Villenègre, qui, ne pouvant vous voir lui-même au couvent, vient chaque jour me parler de vous ; ensuite, je sais que votre résolution causera le plus grand plaisir à des personnes que je ne serais pas fâchée de chagriner un peu...

— Et à qui donc, bon Dieu?

— D'abord à mon mari, M. le lieutenant-criminel avec qui j'ai des querelles chaque jour... Vous saurez, ma toute belle, que M. Defunctis prétend en agir avec sa femme comme avec les soldats de la prévôté... Il veut se faire obéir partout et toujours... je résiste de mon mieux, et j'essaie d'agir à ma guise de temps en temps... Or, M. Defunctis cherche à faire sa cour au vieux duc de Villenègre, que je ne peux pas souffrir ; aussi je soupçonne qu'ils ont machiné quelque chose entre eux pour vous empêcher d'épouser jamais le marquis...

— Serait-il vrai? s'écria Rosette avec étonnement.

Puis elle ajouta en soupirant :

— Qu'importe encore ! ils ne vont plus avoir rien à craindre de moi ! demain je ne leur porterai plus ombrage.

— Oui, dit la bourgeoise avec aigreur, et le vieux duc en sautera de joie, tout perclus qu'il est; la duchesse qui, m'a-t-on dit, est tombée en enfance, retrouvera sa raison du coup en apprenant cette nouvelle, et M. Defunctis deviendra plus important, plus insupportable que jamais... Je hais ces Villenègre, excepté le jeune marquis, toutefois, et je veux vous en dire la raison, ma belle enfant; vous jugerez si je suis fondée à les détester.

Il y aura deux ans à la saint Jean prochaine qu'on donna chez eux un grand dîner; mon mari y fut invité. Depuis longtemgs je désirais voir un dîner d'apparat chez des gens de qualité, et je fis si bien que M. Defunctis consentit à m'emmener avec lui. Il mit sa robe et son rabat de cérémonies, moi je pris mon vertugadin de velours, mon bonnet de dentelles à *cornes*, mon collier de perles; sur ma foi on eût dit d'une véritable princesse! Mon mari monta sur sa mule et me prit en croupe, comme c'est l'usage, puis nous allâmes bon train à la place Royale. Les abords de l'hôtel Villenègre étaient encombrés de carrosses, la cour était remplie de pages et de laquais. Croiriez-vous que ces coquins, au moment où nous nous arrêtames devant le montoir, commencèrent à gloser impertinemment sur nous et notre équipage, si bien que Defunctis fut sur le point d'envoyer chercher main-forte pour mettre cette canaille à la raison?... L'un d'eux poussa même l'insolence jusqu'à dire tout haut qu'en descendant de la mule j'avais montré mes jarretières... ce qui était une calomnie, ma chère, quoique ces jarretières pussent très-bien être montrées, car elles étaient en taffetas couleur de feu, à franges d'argent, et elles m'avaient bien coûté deux écus tournois, à l'enseigne de Sainte-Geneviève, dans la rue Bourg-l'Abbé. »

Ici la bourgeoise irascible fut obligée de s'arrêter, l'haleine lui manquait. Rosette, qui était retombée dans sa rêverie, répondit par une interjection banale.

— Vous sentez bien, ma très chère, que je savais trop le monde pour m'offenser des sots propos de cette valetaille; ces pages et laquais sont incorrigibles, et le parlement a perdu son latin à vouloir réprimer leur insolence. M. Defunctis lui-même, tout lieutenant-criminel qu'il est, n'en a pu venir à bout, et l'avanie qu'ils nous firent ce jour-là en est la preuve. Mais comme on dit, tel maître, tel valet; si je vous parle des insultes de ces manants, c'et pour mieux vous faire comprendre l'orgueil et l'arrogance de ceux qu'ils servent. Enfin, nous entrons dans l'hôtel au milieu des criailleries; nous montons un large et superbe escalier... Vous pouvez croire que je me tenais bien droite et que je faisais la meilleure contenance possible... On ouvrit une porte à deux battants, et on nous introduisit dans une grande salle; il y avait tant de seigneurs et de dames couverts d'or et de diamants que j'en fus éblouie; la tête me tourna et je ne sais vraiment pas comment je me tirai de ma révérence. A l'extrémité de la salle étaient le duc et la duchesse, debout, raides comme des piquets ; ils nous firent à peine un signe de tête lorsque nous les saluâmes avec toutes les formalités d'usage. Quant à moi, je commençais à réciter de mon mieux à la maîtresse de la maison un très-grand compliment que j'avais acheté (*) à un bel esprit de notre quartier (et qui, soit dit en passant, m'avait bien coûté un quart d'écu), lorsque cette précieuse m'interrompit tout-à-coup en me disant avec un sourire dédaigneux : «Allez, allez, ma chère, je vous fais grâce du reste; vous n'êtes plus d'un âge où l'on a assez de mémoire pour réciter une leçon. » Et tous les freluquets et toutes les caillettes de rire autour de nous !... Mon

---

* Il y avait à cette époque des *marchands de compliments.*

mari devint rouge de honte; moi j'eus de la peine à ne pas sauter aux yeux de cette affronteuse ; mais j'ai bien reconnu plus tard que, pour faire une telle incivilité à une étrangère, il fallait qu'elle eût déjà la tête un peu à l'envers. Nous nous sauvâmes dans un coin au milieu des brocards... Mais ce ne fut pas la seule avanie que me fit éprouver l'orgueilleuse duchesse; pendant le dîner elle me désigna plusieurs fois en ricanant à quelques grandes dames de ses amies... sans doute elles s'amusaient beaucoup de la tournure et des manières d'une honnête bourgeoise qui s'était fourvoyée en si haute compagnie ! Comme si une bourgeoise ne valait pas...

Ici le babil de la Defunctis fut interrompu par Rosette. A la lueur passagère d'un fallot, elle venait de s'apercevoir que le carosse s'enfonçait dans des rues écartées et solitaires.

— Mademoiselle, dit-elle avec timidité en soulevant le rideau de cuir qui servait à clore la voiture, car les carrosses d'alors n'avaient pas de vitres, certainement le cocher n'a pas pris le chemin du couvent... nous sommes dans un endroit bien désert!

— N'ayez pas d'inquiétude, poulette, répondit la bourgeoise avec indifférence; sans doute ce chemin est plus court que l'autre... Mais pour en revenir à l'histoire de mes malencontres chez les Villenègre...

— Mademoiselle, reprit la jeune fille en frissonnant! avez-vous remarqué, ces hommes qui occupent le derrière du carrosse?

— Ce sont sans doute des amis du cocher ou de pauvres diables qui profitent de l'occasion pour se faire transporter sans fatigue dans leur quartier... Ne vous effrayez donc pas comme cela de tout, petite; vous seriez indigne d'être la femme d'un cavalier aussi accompli que monsieur le marquis de Villenègre!

— Sa femme! répéta Rosette d'une voix étouffée; je ne le serai jamais, et vous le savez bien.

— Je ne le sais pas encore, dit l'obstinée bourgeoise en hochant la tête ; mais pour finir mon histoire en deux mots, le jour où je reçus de ce vieux benêt de duc et de cette vieille édentée de duchesse toutes sortes d'impolitesses, leur fils eut pour moi une attention délicate dont je lui saurai gré toute ma vie... Croiriez-vous qu'il poussa la complaisance jusqu'à me donner la main jusqu'à la porte du salon lorsque nous nous retirâmes le soir?... et cela en présence de tous les railleurs!..... ensuite il nous salua avec tant de grâce que je l'aurais embrassé de bon cœur. Il faisait, je l'avoue, le même honneur aux autres dames, mais j'ai toujours pensé qu'il avait voulu par cette galanterie compenser le mauvais accueil du duc et de la duchesse... Quoi qu'il en soit, j'estime le fils autant que je hais le père et la mère, et je ne serais pas fâchée de faire enrager ces deux vieux avares. Ils crèveraient de dépit s'ils savaient que leur fils dût épouser une bourgeoise ! Quant à mon mari qui sert leurs orgueilleuses folies… mais il suffit ; nos différents ne regardent que lui et moi… Pour vous, ma toute belle, pendant que nous sommes encore seules, je vous adresserai une dernière question, et je vous prie d'y répondre dans toute la sincérité de votre âme ; me le promettez-vous ?

— Je vous le promets, ma chère et généreuse bienfaitrice ; n'avez-vous pas droit à toute ma confiance ?

— C'est fort bien, mais il s'agit de vous

et maintenant que vous pouvez parler en liberté, vous ne me déguiserez pas la vérité... Ce cher petit marquis vous aime à l'adoration, à la folie; pour vous il a affronté la haine de sa famille, les reproches de ses amis; mais il me reste encore un point à éclaircir, quoique j'aie à cet égard certains soupçons équivalants à une certitude... Vous, mon enfant, l'aimez-vous?

Rosette garda le silence.

— Souvenez-vous que vous m'avez promis d'être sincère !

— Mademoiselle, reprit la belle drapière avec effort, à quoi servirait ma réponse, puisque mon sort est fixé ?

— Elle servirait à prouver que vous tenez vos promesses... Répondez, sans détours.

Ici un nouveau silence pendant lequel on n'entendit que le grondement des roues.

— Mademoiselle, reprit enfin Rosette, il m'eût été bien difficile de rester insensible à l'affection, au dévoûment dont M. de Villenègre m'a donné tant de preuves depuis la fatale nuit où mes chagrins ont commencé... si donc nos devoirs et la différence de nos conditions ne nous séparaient pas...

— Mais enfin, l'aimez-vous, oui ou non?

— Hélas! ne l'avez-vous pas deviné? murmura Rosette en se cachant le visage, comme si on eût pu voir sa rougeur malgré son voile et malgré l'obscurité.

En ce moment la voiture s'arrêta tout-à-coup; les individus postés sur le siége mirent pied à terre, et les dames furent obligées de donner toute leur attention à ce qui se passait autour d'elles. Elles soulevèrent avec inquiétude les rideaux de cuir servant de portières; elles n'étaient pas à la porte du couvent de Rosette, mais dans un endroit qui leur parut d'abord entièrement inconnu.

C'était une espèce de carrefour vaste et découvert, bordé de murailles nues, au-dessus desquelles se montraient quelques arbres fruitiers. Le carrosse s'était arrêté devant un édifice gothique, surmonté d'un clocher élevé ; à la lueur de la lune qui éclairait la partie supérieure du portail, on voyait des statues de pierre, des rosaces, des colonettes et tous les ornements extérieurs d'une église remontant à une haute antiquité. Le plus profond silence régnait dans ce quartier : pas une fenêtre n'était éclairée ; pas un passant attardé ne se glissait le long des rares maisons ; excepté le groupe d'hommes sombres et mystérieux qui chuchottaient à quelques pas, on eût dit que cette partie de la ville était déserte.

— Où sommes-nous, bon Dieu ! s'écria

la bourgeoise; cet ivrogne de cocher se serait-il vraiment trompé de route?... Venez çà, vilain, reprit-elle en s'adressant au personnage, enveloppé d'un grand manteau, qu'elle avait pris jusque là pour le cocher véritable; ne vous avais-je pas bien dit, que nous retournions au couvent de l'Ave Maria, dans la rue des Barrés!... Allons, reprenez-votre place sur le siége et hâtez-vous de nous conduire à notre destination, ou je vous retiendrai quelque chose sur le prix convenu.

Mais, à son grand étonnement le prétendu cocher ne bougea pas; il continuait d'écouter un autre individu qui semblait être le chef de l'expédition, et qui donnait des ordres à voix basse. Bientôt un des inconnus se détacha du groupe et disparut rapidement dans l'obscurité comme s'il allait remplir une mission pressée. Les autres se rapprochèrent de la voiture.

— Miséricorde ! que veut-on faire de nous ? s'écria Rosette avec angoisse ; pourquoi nous a-t-on conduites ici ?

— On ne peut avoir contre nous aucun mauvais dessein ! reprit la Defunctis en élevant la voix ; ces messieurs savent bien que je suis la femme du lieutenant-criminel de robe courte... certe joueraient gros jeu si...

— Paix ! interrompit la voix rauque du prétendu cocher, qui n'était autre que le capitaine Corbineau, si vous poussez un cri pour donner l'alarme, vous êtes mortes...

Et il fit briller aux regards des pauvres femmes éperdues la lame d'un poignard. Elles se pressèrent l'une contre l'autre en tremblant.

— Je ne comprends rien à ce qu'il nous arrive, murmura la compagne de Rosette, j'ignore même où nous sommes...

— Que Dieu et tous les Saints aient pitié de nous! Je crains que nous ne soyons tombées dans un piége... cependant je ne sais pas qui aurait intérêt à nous faire du mal! Quant à l'endroit où nous sommes, je crois reconnaître cette vieille église : c'est celle de Sainte-Catherine-du-Val-des-Écoliers ; je viens de voir tout-à-l'heure la statue du bon roi saint Louis qui domine le portail... c'était ma paroisse au temps où nous demeurions à quelques pas d'ici, dans la rue de la Tixeranderie.

— L'église de Sainte-Catherine ! répéta la Defunctis d'un air de réflexion ; attendez donc... il y a là quelque machination abominable ! J'ai entendu dire bien des fois à mon mari que l'abbé du monastère de Sainte-Catherine-du-Val-des-Écoliers était à la nomination des ducs de Villenègre... Cet abbé est ce que l'on appelle aujourd'hui un *confidentère* ou *custodinos* des seigneurs de cette famille, et par conséquent il doit être tout à leur dévotion...

— On a répandu des bruits fâcheux sur les prêtres qui habitent le couvent situé dans l'enclos, et l'abbé lui-même n'a pas bonne réputation; mais qu'y a-t-il de commun entre ces religieux et nous?

— Oh! si je pouvais faire prévenir mon cher Barnabé du péril où se trouve sa malheureuse femme! dit la bourgeoise avec désespoir. Ces Villenègre sont capables de tout!...

L'homme qu'on avait envoyé en avant revint alors, et le carrosse se remit en marche lentement. Ce fut un nouveau sujet de réflexions pour les prisonnières; elles

concevaient les craintes les plus sinistres.
Mais la voiture s'arrêta encore une fois dès
qu'elle eut tourné l'angle de l'église ; la
portière s'abattit, et on ordonna aux dames de descendre.

— Mais où nous conduisez-vous? demanda la Defunctis.

— Vous allez voir.

— Mais...

Avant qu'elle eût pu faire aucune objection, deux mains vigoureuses s'emparèrent d'elle et la déposèrent à terre. En sentant cette étreinte brutale, la pauvre femme poussa un cri perçant qui retentit au milieu du silence de la nuit. Corbineau leva son poignard sur elle pour l'obliger à se taire ; Rosette éperdue tendit la main pour protéger son amie, dont elle croyait la vie en danger, mais la force lui manqua et elle tomba sans connaissance au fond de la voiture.

L'un des ravisseurs s'empara d'elle et les autres entraînèrent sa compagne : on frappa un coup léger à une porte latérale de l'église; elle s'ouvrit aussitôt, et lorsque toute la troupe fut entrée, elle se referma avec un bruit sourd qui se perdit dans les vastes cavités du noir édifice.

LE CUSTODINOS.

XIII.

L'intérieur de l'église avait, à cette heure de nuit, un aspect imposant et majestueux qui eût dû frapper de respect les profanateurs. La lueur vague de la lune, pénétrant à travers les vitraux coloriés du rond point, ne faisait que rendre les ténèbres visibles. Cependant à mesure que les regards s'habituaient à cette obscurité, on distinguait les arceaux aériens, les colonnes sveltes et hardies qui soutenaient la voûte gothique. Dans les bas-côtés, à travers des masses d'ombre, des statues de marbre se dressaient çà et là comme des spectres menaçants. La lumière d'une seule lampe tremblottait au fond du sanctuaire; de l'autre extrémité de la nef, on eût dit d'une étoile. Un air humide, encore imprégné des derniers parfums de l'encens brûlé dans la journée, circulait pesamment autour des arrivants et causait un frisson involontaire. Dans cet immense et sonore bâtiment, chaque pas, si léger qu'il fût, éveillait un écho ; chaque mot prononcé à voix basse se prolongeait comme un gémissement.

L'individu qui portait Rosette inanimée la déposa sur un banc d'œuvre, auprès d'une chapelle latérale, et donna ordre d'un ton péremptoire à la Defunctis de secourir sa compagne. La bourgeoise, incapable de penser ou d'agir par elle-même tant elle était bouleversée, obéit machinalement et elle s'avança vers la jeune fille, que ses longs vêtements de novice faisaient apercevoir dans l'obscurité, comme une blanche apparition. L'inconnu rejoignit aussitôt ses compagnons qui chuchottaient à quelques pas.

— Le prêtre est-il prêt? demanda-t-il

au personnage qui avait ouvert la porte et dont l'obscurité empêchait de voir les traits ; j'espère qu'il ne nous fera pas attendre ; le duc ne lui pardonnerait pas !

— Monsieur l'abbé est déjà à la sacristie, répondit d'une voix nasillarde le mystérieux introducteur, fonctionnaire subalterne de l'église ; il montera à l'autel dès que cela plaira à monsieur le duc.

— Il suffit. Allez lui dire de préparer l'acte, en laissant les noms en blanc, car sans doute le futur époux ne se soucie pas que l'on sache son véritable nom... Il l'ajoutera lui-même, quand tout sera fini.

L'introducteur s'inclina et l'on entendit

le bruit de ses pas sur les dalles s'éloigner peu à peu.

— Il nous manque encore le fiancé, reprit d'un ton d'humeur celui qui venait de parler et qui n'était autre que Mignon, le valet de confiance du duc de Villenègre ; êtes-vous bien sûr, capitaine, qu'il va venir ?

— Ventrebleu ! si j'en suis sûr ! répondit Corbineau ; le compagnon ne se fait pas attendre lorsqu'il s'agit de gagner des pistoles ou de courir ce qu'il appelle des aventures de gentilhomme... Je lui ai envoyé un de mes amis au rendez-vous convenu... Que la peste m'étouffe si je comprends pourquoi ils ne sont pas encore ici !

Ces paroles, prononcées d'une voix raùque et caverneuse, entremêlées d'imprécations, éveillèrent d'une façon lugubre les échos de l'église. Le valet de chambre reprit en tressaillant.

— Ne jurez pas, capitaine, je vous crois sans cela... En attendant l'arrivée du comte de Manle, ne pourriez-vous dire en deux mots à ces femmes de quoi il sagit? Vous le savez, je ne dois pas paraître dans tout ceci, de peur de compromettre celui qui m'emploie...

— Soit, je vais leur expliquer l'affaire le plus galamment possible, répondit Corbineau avec un rire sinistre.

En ce moment, Rosette commençait à

reprendre ses sens ; se soulevant péniblement dans les bras de sa compagne, elle s'effrayait du silence et de l'obscurité qui régnaient autour d'elle.

— Eh bien, ma petite mère, dit brusquement le soudard en se plaçant devant elle, ça va-t-il mieux ? Si vous étiez ma femme, du diable si je souffrirais toutes ces pâmoisons-là !

— Où suis-je ?... Qui me parle ? demanda la pauvre enfant d'une voix faible.

— Une amie est près de vous, murmura la bourgeoise ; rappelez vos souvenirs.....

— Que me veut-on ? Pourquoi suis-je

ici? répéta Rosette avec un reste d'égarement.

Corbineau se chargea de la réponse.

— Vous êtes dans une église et l'on va vous marier... Allons, préparez-vous, ma belle Rosette, et dites à Dieu un mot de prière si vous voulez assister saintement à la cérémonie. Votre fiancé est un peu en retard, mais il ne tardera pas à arriver... Je parierais, continua-t-il comme s'il se parlait à lui-même, que cet ivrogne a noyé sa mémoire dans un pot d'hypocras!

— Mon Dieu! tout ceci n'est-il pas un rêve? s'écria la pauvre fille avec un profond soupir.

— C'est toutefois un rêve fort joli, puisqu'il s'agit de mariage, reprit le soudard en ricanant ; allons, soyez sage et ne criez plus... vous voyez bien qu'on ne vous veut pas de mal, triple diable !

Et il tourna sur ses talons comme pour s'éloigner ; mais la Defunctis, un peu remise de sa première frayeur, le rappela et lui dit avec une certaine hardiesse :

— Un moment, monsieur l'inconnu... Je commence à comprendre ce que l'on veut de cette malheureuse jeune fille. Mais pourriez-vous me dire pourquoi l'on m'a amenée ici, moi, l'épouse du lieutenant-criminel de robe courte ?

— Parbleu ! répliqua Corbineau d'un

ton goguenard, parce que l'on ne pouvait pas faire autrement... d'ailleurs on a pensé qu'un témoin honorable ne gâterait rien à l'affaire.

— Prenez garde, mon mari nous vengera, s'il vous retrouve jamais...

— Le lieutenant criminel Defunctis n'a pas besoin d'un nouveau stimulant pour désirer beaucoup de prendre mort ou vif le capitaine Coupe-Jarret, s'il peut le prendre..

— Le capitaine Coupe-Jarret ! répéta la bourgeoise en frissonnant ; quoi ! ce hardi aventurier dont on a mis la tête à prix...

—C'est moi… vous me connaissez maintenant, songez à ne pas m'irriter !

Ce nom bien célèbre alors, rendit à la pauvre dame toutes ses terreurs. Cependant, rougissant de céder à des craintes personnelles lorsque sa compagne courait un si grand danger, elle reprit d'une voix mal assurée :

— Écoutez, monsieur le capitaine, je ne dirai rien à mon mari, et je ferai en sorte que vous ne soyez pas serré de trop près à l'avenir, si vous voulez être raisonnable… Je connais la personne qui vous emploie ; je sais dans quel but on veut marier cette pauvre enfant, sans son aveu, à quelque misérable indigne d'elle… Eh bien, je puis vous l'affirmer, cette violence est inutile ; dès demain Rosette Poliveau doit prendre le voile dans un couvent très-sévère, et par conséquent elle ne pourra plus épouser personne.

— Cela est-il bien vrai? demanda Corbineau avec surprise. Pourquoi diable! alors nous donne-t-on mille pistoles?

— Ruses féminines! murmura le valet de chambre, qui s'était approché pour écouter ; on n'a rien dit de tout ceci à monseigneur... c'est là une invention de cette commère! On veut gagner du temps car demain il sera impossible de faire ce qui n'aura pas été fait aujourd'hui... Laissons dire ces femmes, capitaine, et exécutons les ordres que nous avons reçu.

— Mais on ne peut marier ainsi une jeune fille malgré elle ! s'écria la bourgeoise avec insistance. On ne peut lui faire épouser sans le consentement de ses parents, sans l'assistance de ses amis, un homme qu'elle ne connaît pas, qu'elle n'a peut-être jamais vu ?

— Allons donc ! ne connaît-elle pas le comte de Manle ?

— Le comte de Manle ! celui qui a forcé la boutique de Poliveau ?

— Plutôt mourir ! s'écria Rosette avec force ; les plus affreuses tortures ne m'obligeront pas à dire « oui » au pied de l'autel.

— On se passera de votre consentement.

— Mais quel prêtre sacrilége osera sans mon aveu...

— Croyez-moi, mademoiselle, tout est prévu... cette nuit même vous serez privée de votre liberté afin que vous n'en fassiez pas plus tard un mauvais usage... Sachez vous résigner à votre sort !

Rosette demeura anéantie. En ce moment on frappa deux coups à la porte latérale.

— Les voici enfin, dit Corbineau.

Deux hommes enveloppés dans leurs manteaux pénétrèrent dans l'église ; l'un d'eux avait une démarche chancelante et s'appuyait sur son compagnon pour ne pas tomber; on l'entendait trébucher dans l'ombre à chaque pas.

— Sang-dieu! camarade, dit le capitaine Coupe-Jarret à celui qui semblait servir de guide, tu viens bien tard!

— Ce n'est pas ma faute, répondit le nouveau-venu avec humeur; ce cavalier est arrivé ivre mort au rendez-vous, et il a eu toutes les peines du monde à me donner le mot de passe... Je l'ai en quelque sorte porté jusqu'ici.

— C'est oune calomn'e, interrompit de Manle d'une voix étouffée; ce cadet-là ment comme un faquin... Z'ai toute ma raison, et ze marce comme un arquebusier du roi... Z'ai bu un verre d'hypocras avec les bourzeois... voilà tout.

— Allons, allons, il aura toujours assez de raison pour faire un mari comme un autre, repliqua Corbineau. Eh bien, frère, continua-t-il en s'adressant à de Manle, êtes-vous prêt à épouser la personne en question?

— Epouser? répéta de Manle tout abasourdi.

— Eh! n'avez-vous pas deviné que c'était là ce qu'on exigeait de vous? Vous ne m'accuserez pas d'avoir manqué à nos conventions... Il n'y a aucun danger pour vous, et l'aventure doit vous paraître gaillarde... On vous donne cinq cents pistoles et la jolie Rosette Poliveau... Quel heureux coquin vous êtes !

Soit étonnement, soit ivresse, de Manle ne répondit pas.

— Eh bien, acceptez-vous? demanda Corbineau impatienté.

— Oui, oui, dit enfin l'aventurier d'un ton étrange ; mais où est donc cette perle sans pareille, ajouta-t-il avec son jargon ordinaire, cette çarmante Rosette du bon Dieu?

— Elle est là, répliqua le capitaine en

lui désignant les femmes; voyons, beau cavalier, faites-lui la cour pendant qu'on va avertir le prêtre de votre arrivée... Vous aurez besoin de toute votre galanterie, je vous en préviens, car la belle est farouche comme une tigresse.

— Nous allons voir! reprit de Manle d'un air de fatuité; ces tigresses-là s'apprivoisent facilement...

Il se dirigea en chancelant vers les dames, et il se mit à leur parler à voix basse; mais bientôt on jugea, au mouvement qui se faisait du côté de la sacristie, que la cérémonie ne tarderait pas à commencer.

Un mariage conclu dans des circonstances semblables, contre la volonté de l'une des parties contractantes et à la suite d'un rapt nocturne, semblerait, au siècle où nous vivons, une chose impossible; mais à l'époque où se passe cette histoire, à cette époque où la loi était sans vigueur, où le caprice de quelques hommes haut placés prévalait sur les droits les plus légitimes, rien n'était plus facile que les actes de ce genre; les mémoires du temps sont remplis d'exemples que nous pourrions citer. Un gentilhomme ruiné voulait-il épouser une riche héritière, il l'enlevait de force, il la conduisait dans un endroit où se trouvait un prêtre gagné à l'avance et on célébrait la cérémonie du mariage. Plus tard, si la malheureuse femme essayait de réclamer judiciairement contre ces violences, on prouvait par des témoins subornés, par des piècess fausse ou extorquées, la légalité de l'union ; dans tous les cas c'étaient des procès interminables dont le déshonneur rejaillissait sur les deux familles. *Ces mariages forcés*, comme on les appelait, devinrent si fréquens, l'excès en fut porté si loin, qu'en 1639, vingt ans après les événements dont nous nous occupons, une ordonnance royale dut les réprimer sous les peines les plus sévères.

Cette cérémonie, qui, dans nos idées modernes, serait seulement une vaine formalité dès qu'elle n'aurait pas été accomplie dans les conditions voulues, paraissait donc très-solennelle et très-redoutable à Rosette Poliveau et à la Defunctis. Il leur restait bien peu d'espoir que le prêtre, dont on allait employer le ministère pour ce sacrilége, tint compte des larmes et des protestations de la pauvre jeune fille, car nous l'avons déjà dit, l'abbé de Sainte-Catherine-du-Val-des-Ecoliers était entièrement sous la dépendance des ducs de Villenègre. A cette époque les bénéfices ecclésiastiques étaient donnés à des seigneurs séculiers qui souvent les transmettaient à leurs héritiers. Pour desservir les chapelles, les églises, prieurés, etc., qui composaient ces bénéfices, les seigneurs usufruitiers prenaient à gage de pauvres prêtres, appelés Confidentères ou Custodinos, et les pressuraient à merci afin d'augmenter leurs revenus. Or, telle était précisément la situation de l'abbé de Sainte-Catherine vis-à-vis du duc de Villenègre, et certes l'ecclésiastique capable d'avoir conclu un marché de ce genre devait être capable de tout, pour le rendre moins onéreux. D'ailleurs les chanoines de Sainte-Catherine n'avaient pas alors un bon renom, puisque, peu de temps après, ils furent réformés par le cardinal de Larochefoucauld et on ne devait attendre d'eux ni secours ni pitié.

Rosette soupçonnait tout cela; cependant lorsque le prêtre sortit enfin de la sacristie, revêtu de ses habits sacerdotaux et précédé du bedeau, qui portait un cierge allumé, elle n'hésita pas à faire une tentative désespérée. Elle se leva brusquement et elle traversa l'église pour arriver jusqu'à lui. C'était un homme maigre, pâle, à cheveux plats, à figure ignoble que ne rehaussait même pas le costume sacré dont il était revêtu. Un air d'hypocrisie profonde était répandu sur son visage. Il tenait à la main un livre de lithurgie et marmottait des prières.

Tous les assistants suivirent Rosette, les uns en ricanant, les autres en haussant les épaules d'un air de pitié. La jeune fille se mit sur le passage du prêtre ; lorsqu'elle se trouva dans la petite sphère lumineuse que projetait le cierge du bedeau, elle dit à l'officiant avec respect, mais avec fermeté :

— Mon père, je vous prie d'excuser ma hardiesse, mais si l'on vous a persuadé que le mariage auquel vous allez prêter le secours de votre saint ministère pourrait se faire de mon libre aveu, on vous a trompé; j'ai été amenée ici par surprise et par force..... Prenez garde de commettre un sacrilége dont vous, moi et tous ceux qui sont ici présens, nous devrions porter la peine... Je vous conjure donc, au nom du Christ, qui nous voit et nous entend, de me soustraire à ces intrigues criminelles! Demain je dois entrer en religion au couvent de l'Ave-Maria; j'appartiens déjà à Dieu... si vous prêtiez votre concours aux machinations ourdies contre une pauvre fille sans défense, vous auriez à en répondre, non-seulement devant la justice céleste, mais encore devant vos supérieurs ecclésiastiques sur la terre.

Le prêtre resta un moment muet et déconcerté par cette apostrophe à laquelle sans doute il ne s'attendait pas; un signe du valet de confiance parut lui rendre quelqu'assurance.

— Ma fille, répondit-il d'une voix mielleuse et avec une humilité affectée, il ne m'appartient pas de m'opposer aux volontés de ceux qui sont placés au-dessus de moi; je n'ai aucun pouvoir temporel... je suis un faible instrument dont se servent les puissants de la terre, et je dois leur obéir en vertu de ce principe du saint évangile qui dit : « Vous rendrez à César ce qui appartient à César. » D'ailleurs, vous êtes encore bien jeune pour juger de ce qui est juste et sage; peut-être n'êtes-vous pas en état d'apprécier sainement les hautes pensées de ceux qui disposent en ce moment de votre destinée... Sachez donc vous résigner, et laissez le soin du reste à la Providence... Elle n'abandonne jamais ses enfants !

Il eût été facile à Rosette, malgré sa simplicité, de rétorquer cette étrange théologie qui subordonnait le sort des faibles aux caprices des grands, mais en achevant ces paroles, le prêtre se dirigea vers le chœur.

— Monsieur, ayez pitié de moi ! s'écria la jeune fille ; si vous saviez quelle douleur éprouvera mon malheureux père lorsqu'il apprendra cette horrible perfidie !... Pour vous, pour le repos de votre conscience en cette vie, pour le salut de votre âme dans l'autre, ne souffrez pas qu'on commette une action abominable !

Mais l'hypocrite continuait sa marche d'un pas rapide, en marmottant des paroles saintes que souillaient ses lèvres impures.

— C'est une indignité, cela ! s'écria la bonne Defunctis, ne pouvant plus commander à sa colère ; et ce prêtre maudit, cet infâme custodinos...

— Silence ! interrompit rudement le capitaine Corbineau.

La pauvre femme se sut aussitôt, terririfiée par cette voix redoutable. On l'entraîna vers le maître-autel, où tout avait été préparé pour la cérémonie. Déjà Rosette y avait été portée presque de force par le comte de Manle, dont la gravité des circonstances semblait avoir dissipé subitement l'ivresse; tous les deux à genoux devant le prêtre, revêtu de son étole, attendaient la bénédiction nuptiale. Deux cierges répandaient une lueur faible et incertaine sur ce groupe principal, tandis que les ravisseurs et la bourgeoise elle-même, dévotement agenouillée sur une dalle du sanctuaire, restaient dans l'ombre.

La cérémonie commença. D'abord Rosette sanglotait, elle tournait fréquemment la tête comme pour protester par sa contenance contre la violence qui lui était faite ; mais bientôt de Manle lui adressa quelques mots à voix basse et elle tomba dans une espèce de stupeur.

Les assistants, témoins de son désespoir un instant auparavant, étaient surpris de ce calme, résultant peut-être de l'épuisement de ses forces. L'honnête bourgeoise, ne pouvant s'expliquer cette résignation, crut sérieusement que la belle drapière s'était amendée tout-à-coup et avait réfléchi qu'un mari, même le comte de Manle, valait toujours mieux que le couvent.

Le prêtre adressait aux deux époux les questions d'usage et de Manle venait de prononcer le *oui* sacramentel, lorsqu'on frappa rudement à la porte principale de l'église; en même temps on cria d'une voix forte :

— Ouvrez, au nom du roi !

— C'est mon mari, accompagné des soldats du guet ! murmura la Defunctis en tressaillant; Dieu n'a pas voulu que cet horrible sacrilége s'accomplît tout entier !

Le prêtre s'était arrêté.

— Ne faites pas un mouvement, ne prononcez pas une parole, mademoiselle, s'écria impérieusement le valet de chambre. Capitaine de Corbineau, chargez-vous de cette vieille folle et veillez à ce qu'elle ne donne pas l'alarme... Et vous, monsieur l'abbé, continua-t-il en s'adressant à l'ecclésiastique, continuez et hâtez-vous; tout peut se terminer avant que les gens du roi pénétrent ici...

Corbineau vint se placer à côté de la pauvre Defunctis. Le prêtre se mit aussi en devoir d'obéir à l'ordre qui lui avait été donné; mais tel était le bruit du dehors, telle était l'agitation des agens subalternes autour de Mignon, que l'on ne put entendre la réponse de Rosette. Le célébrant lui-même n'attachait pas sans doute grande importance à cette réponse, car, sans s'y arrêter, il récita précipitamment les formules ordinaires.

Enfin toutes les cérémonies d'usage étaient terminées ; l'anneau symbolique avait été passé au doigt de la fiancée, la bénédiction avait été donnée aux époux, et lorsque le dernier *amen* eut été prononcé par le bedeau, il ne manquait plus rien, suivant les idées du temps, pour que le mariage fût valable aux yeux de Dieu et à ceux des hommes. En voyant le prêtre descendre de l'autel, le valet de chambre s'écria d'un ton où perçait une vive satisfaction :

— Tous ceux qui sont ici présents sont témoins que Rosette Poliveau est bien et dûment mariée avec ce cavalier... Maintenant laissons la place à ces messieurs de la prévôté...Comte de Manle, vous pouvez emmener votre femme...

— Ouvrez! cria une autre voix à la porte de l'église; ouvrez! c'est un père qui réclame son enfant!

— L'entendez-vous? c'est mon père! dit Rosette éperdue.

En ce moment l'église entière retentissait des coups que l'on frappait à la porte avec les hampes des hallebardes et les crosses des mousquets; les agens du duc, dont plusieurs, comme Corbineau avaient à craindre les investigations de la justice, commençaient à montrer quelque effroi.

Mais le valet de chambre s'occupait à faire signer par les assistants et même par madame Defunctis l'acte de mariage préparé à l'avance par l'abbé de Sainte-Catherine.

Tout-à-coup la porte de la sacristie s'ouvrit; un homme tout essoufflé accourut vers la partie éclairée du chœur. Mignon reconnut aussitôt ce nouveau venu, qui portait la grande livrée de Villenègre.

— Qu'y a-t-il de nouveau, Comtois? demanda-t-il avec étonnement.

— Le duc est expirant, reprit le messager; le prêtre qui l'assiste à ses derniers moments, un digne homme à qui il a tout

confessé, l'a décidé à changer ses projets!...
Monseigneur m'envoie en toute hâte vous
dire de ne rien faire et de laisser aller la
jeune fille... Un carrosse est à la petite
porte du couvent pour la conduire où elle
voudra.

— Il est trop tard, dit l'homme de
confiance d'un ton sombre, le mariage
est conclu... Voici l'acte, continua-t-il en
s'adressant au comte; vous n'aurez plus
qu'à remplir les blancs, à signer vous-
même et à faire signer votre femme...

—Ze m'en sarge, répliqua de Manle avec
une activité singulière, mais hâtons-nous
de sortir,.. Defunctis et les zens du roi s'im-
patientent.

— Par ici! dit l'abbé en désignant la sacristie, qui communiquait avec l'intérieur du couvent.

On courut en désordre de ce côté.

— Où me conduisez-vous, bon Dieu? s'écria Rosette.

On ne repondit pas, et bientôt il n'y eut plus dans l'église que la Defunctis.

La bonne dame resta d'abord indécise sur le parti qu'elle devait prendre; elle croyait toujours entendre à son oreille la voix formidable du capitaine Coupe-Jarret. Enfin, comme on continuait à frapper avec violence, elle alla ouvrir.

Des soldats se précipitèrent dans l'église, portant des torches qui répandaient autour d'eux une vive lumière. Defunctis, en robe était à leur tête; après lui venait le bonhomme Poliveau, tout pâle et hors d'haleine, soutenu par son fidèle apprenti. La bourgeoise transportée se jeta dans les bras de son mari.

— Mon cher Barnabé! c'est donc toi! s'écriait-elle. J'ai craint un moment de ne plus te revoir!

— Ma fille! où est ma fille? demandait Poliveau d'un air égaré.

— Mariée! mariée de force... là... sous mes yeux!

— Et à qui donc?

— Au comte de Manle... il l'a emmenée aussitôt après la cérémonie.

Le pauvre père tomba sans connaissance sur le pavé en poussant un cri déchirant.

— Voilà donc où devait aboutir ma confiance dans le vieux duc de Villenègre! dit le lieutenant criminel avec colère; il m'a trompé indignement en me promettant de n'employer que des moyens de persuasion et de douceur pour empêcher son fils de commettre une sottise... Mais je me vengerai!... Allons, messieurs, continua-t-il avec vivacité en s'adressant aux archers, poursuivons ces misérables… Ce carrosse de louage qui stationnait à la porte et que nous avons reconnu pour appartenir à ces dames, nous a fait oublier qu'il y avait d'autres issues au couvent… Réparons le temps perdu… A cheval donc, et au galop sur la trace des ravisseurs !… Vous, Giles Poinselot, placez votre maître dans le carrosse et reconduisez-le à l'enclos du Temple… Quant à toi, ma chère…

— Oh! je ne te quitte plus! dit la bourgeoise en se suspendant au bras de son mari ; avec toi, je n'ai rien à craindre, et je veux t'aider à retrouver cette pauvre Rosette… Allons, messieurs, continua-t-elle avec autorité en s'adressant aux archers, n'avez-vous pas entendu?… Mon mari vous ordonne de partir au galop!

LES DERNIÈRES ANGOISSES.

XIV.

Le lendemain matin, à l'heure où la plupart des habitants de l'enclos du Temple dormaient encore, Poliveau et Giles Poinselot étaient assis tristement dans la chambre du bonhomme. Un rayon du soœil levant pénétrait à travers les vitraux garnis de plomb de la fenêtre et éclairait ce modeste réduit; mais ni le maître ni l'apprenti ne semblait s'être aperçu que le jour avait succédé à l'obscurité. Une lampe fumeuse brûlait encore sur une table. Le lit était intact, car le marchand n'avait pris aucun repos pendant la cruelle nuit qui venait de s'écouler; ses vêtements étaient encore souillés de boue, ainsi que ceux du jeune homme. Les yeux rouges de larmes, le teint enflammé par l'inquiétude et l'insomnie, ils restaient mornes et silencieux, n'osant exprimer des consolations qu'ils savaient impuissantes, des espérances qu'ils n'avaient plus.

Cet accablement durait déjà depuis

longtemps sans doute lorsqu'on frappa doucement à la porte.

— Oh! mon Dieu! serait-ce elle? s'écria le vieillard en se levant avec une vivacité fébrile.

C'était la Defunctis. La pauvre femme avait eu sa part dans les fatigues et les terreurs de la nuit précédente; elle portait le même costume que la veille, et tout son extérieur trahissait un grand abattement. En la reconnaissant, le vieillard s'écria :

— Mademoiselle, m'apportez-vous des nouvelles? pouvez-vous me dire enfin ce qu'est devenue ma fille?

— Hélas ! je ne sais rien... Ne pouvant maîtriser mon inquiétude, je suis accourue ici... J'espérais que vous-même vous seriez parvenu à découvrir quelque chose...

— Ah ! elle est perdue maintenant ! elle est perdue à tout jamais !... Son ravisseur l'aura entraînée loin de Paris... Je ne la reverrai plus !

— Ne vous désolez pas encore, maître Poliveau ; les portes de la ville ont été fermées toute la nuit et aucune voiture n'a pu sortir... Des ordres sont donnés pour que toutes celles qui sortiront dans la journée soient visitées soigneusement... Mon mari, n'a pas souvent du caractère, mais il a fait acte d'autorité cette fois...

furieux d'avoir été la dupe de ce vieux sournois de Villenègre, il a pris des mesures sévères pour déjouer ses manœuvres... Il s'est transporté ce matin à l'hôtel de Villenègre et il dirige lui-même une enquête, quoique le duc soit, dit-on, à l'article de la mort... je pense qu'il se rendra ici dès qu'il aura obtenu quelques éclaircissements... Espérons encore, sire Poliveau; on retrouvera votre fille, elle vous sera rendue!

— Oui, mais elle est la femme d'un scélérat, et sa vue me sera odieuse... Oh! les lâches! ils n'ont pas même voulu que ma malheureuse enfant pût se parer d'un nom obscur mais honorable... Ils lui ont donné pour mari un vil escroc, un infâme aventurier que je soupçonne de n'être pas même gentilhomme!... Et l'orgueilleux seigneur qui a conduit cette trame abominable est mourant, dites-vous? Et bien! si la malédiction d'un père est capable de troubler ses derniers instants, puisse-t-il...

— Ne soyez pas trop sévère envers lui, maître Poliveau, interrompit la bourgeoise avec timidité; souvenez-vous que le vieux duc s'est repenti de ses méfaits... Cédant aux instances de son confesseur, il a envoyé contre-ordre par un de ses laquais... malheureusement il était trop tard!

— Mais son fils, mademoiselle, s'écria l'apprenti avec véhémence; son fils? où était-il donc tandis qu'on livrait ainsi à un misérable coquin celle pour qui il affichait de si beaux sentiments? Où s'est-il caché après nous avoir porté la première nouvelle du danger? Ne sommes-nous pas en droit de croire...

— Je ne souffrirai pas que vous attaquiez ce bon jeune homme, l'ami! s'écria la bourgeoise à son tour avec aigreur; pestez à votre aise contre le duc et la duchesse, ses père et mère, je ne les aime pas plus que vous... Mais ce cher marquis, voyez-vous, je jurerais par tous les saints du paradis qu'il n'a été pour rien dans cette affreuse machination! Il est vrai qu'on ne l'a pas aperçu de la nuit; mais qui sait? Peut-être la rétractation tardive du vieux duc est-elle due à ses sollicitations! Et d'ailleurs, j'en appelle à maître Poliveau, continua-t-elle en se tournant vers le vieillard : quels que fussent ses sentiments pour la pauvre Rosette, n'était-ce pas son devoir de rester près du lit d'agonie de son père ?

— En effet, répondit Poliveau d'un ton austère ; le malheur ne doit pas nous rendre injustes ; ce jeune homme est la cause première de tous mes maux, mais je ne voudrais pas le charger d'un reproche qu'il n'aurait pas mérité...Hier il m'a paru sincère dans son affection pour ma fille, dans son désespoir en apprenant qu'elle avait été enlevée... Il m'en coûterait de reconnaître aujourd'hui qu'il m'a trompé.....

L'apprenti baissa la tête; il y eut un moment de silence.

— Sire Poliveau, reprit la Defunctis, doit-on conclure de tout ceci que vous comptez attaquer juridiquement la validité de ce mariage? Au dire de mon mari, vous auriez affaire à forte partie dans le cas où le duc recouvrerait la santé...

—Si je l'attaquerai ! s'écria le marchand impétueusement. Voudriez-vous donc que je laissasse ma fille au pouvoir d'un scélérat? Oui, oui, j'engagerai un procèss olennel, je redemanderai Rosette au parlement, au roi, s'il le faut... Le rapt n'estment pris la peine de se déguiser, tant on se croyait sûr de l'impunité? N'y a-t-il pas des témoins de la résistance de cette malheureuse enfant, de ses efforts courageux pour se soustraire à une odieuse contrainte, des protestations qu'elle a dû élever au pied de l'autel, en présence de l'indigne époux qu'on lui imposait? A défaut des scélérats gagés, auteurs de l'enlèvement, n'y a-t-il pas, pour attester la fraude, le prêtre coupable qui a prêté son ministère, et vous-même, mademoiselle, vous, la femme d'un magistrat?... Oui, j'y suis décidé ; le procès aura lieu. Puisque M. le lieutenant-criminel va venir ici tout-à-l'heure, il recevra ma plainte et il faudra bien qu'il fasse son devoir! il pas positif? La violence a-t-elle seule-

La bonne dame hocha la tête en entendant l'ancien échevin exprimer sa volonté avec tant de fermeté.

— Agissez suivant votre conscience, maître Poliveau, reprit-elle ; et cependant croyez-moi, ne précipitez rien... La justice est chère, au temps où nous vivons, et vous n'êtes plus riche ; d'ailleurs, elle est lente, et la réparation viendra, si elle vient, lorsque les droits acquis de l'indigne époux de Rosette tiendront la place des droits que vous lui refusez... Pour ce qui est des personnes dont vous comptez invoquer le témoignage, prenez garde d'être trompé dans votre espoir... D'abord les religieux du Val-des-Écoliers sont tout dévoués au duc de Villenègre ; or lorsque les gens d'église, sauf le respect qui leur est dû, se mêlent d'être coquins, ils le sont vingt fois plus que les coquins de la cour des Miracles!.. Pour moi, ajouta-t-elle avec quelque embarras, en vérité je ne pourrais pas dire grand'chose ; ces événements sont restés dans ma mémoire comme le souvenir d'un affreux cauchemar et j'aurais peine à affirmer que Rosette a répondu «non» lorsqu'on lui a demandé si elle prenait pour époux le comte de Manle...

Poliveau la regarda avec une expression de défiance.

— Eh quoi! mademoiselle, la frayeur aurait-elle troublé vos sens à ce point?

— J'aurais voulu vous voir côte à côte d'un assassin de profession comme le capitaine Coupe-Jarret... il me menaçait toujours d'un poignard long d'une aune! Je vous assure, compère, qu'il y avait bien là de quoi troubler la vue et l'ouïe!

— Bourgeois, dit Giles Poinselot d'un air ironique, ne voyez-vous pas que mademoiselle Defunctis cherche à tirer son épingle du jeu, afin de ne pas mécontenter son mari, l'âme damnée des Villenègre?

Cette accusation fit monter le rouge au visage de la dame.

— Tais-toi, l'ami, tais-toi! s'écria-t-elle en se levant exaspérée ; apprends, méchant courtaud de boutique, que monsieur Defunctis, malgré toute sa puissance ne m'a jamais effrayé... Mais, continua-t-elle d'un ton radouci. tu es un pauvre amoureux éconduit et le chagrin te fait perdre la raison... Voyons, ne nous fâchons pas... et pour en revenir à ce que je vous disais, je vous avouerai, mes bons amis, que plus je réfléchis à la conduite de Rosette dans les derniers moments, plus elle me semble bizarre et inconcevable...

— Comment, mademoiselle, ma fille ne se serait-elle pas fait traîner de force à l'autel ? n'aurait-elle pas protesté énergiment contre la violence ?

— Si vous appelez protester dire tout haut qu'on n'est pas libre dans ses volontés, sans doute elle a protesté, la pauvre petite... elle a même adressé à ce vilain papelard de Custodinos des paroles fort touchantes et fort bien tournées; mais ensuite, ma foi, elle s'est résignée assez facilement à son sort; elle n'a plus ni crié ni pleuré, comme si on l'avait ensorcelée par quelque parole magique... En un mot, il serait fort possible que la petite eût fini par consentir à ce mariage, et si vous en attaquiez un jour la validité, elle se tournerait peut-être contre vous !

— Cela ne peut pas être ! s'écria Poliveau impétueusement; Rosette n'a pu consentir à unir son sort à celui d'un vaurien tel que ce de Manle! Si on lui eût proposé pour mari un homme dont elle n'eût connu ni les vices ni la bassesse, j'aurais pu croire à un caprice subit, à quelque brusque variation féminine!... mais épouser volontairement ce voleur avoué qui avait dévalisé la boutique de son père, je trouve cette supposition absurde, incroyable, impossible!

— Ecoutez, bonhomme, je vous ai déjà prévenu... Rosette, quoi que vous en disiez, n'avait pas beaucoup de vocation pour le couvent!... pour ma part, plutôt que de passer ma vie derrière les grilles de l'Ave-Maria, j'aurais consenti à épouser le capitaine Coupe-Jarret lui-même; je ne connais rien de pis!...

Le vieillard réfléchit quelques instants d'un air farouche.

— Serait-il vrai? reprit-il enfin; cette malheureuse créature aurait-elle préféré cette monstrueuse union à la pieuse retraite qu'elle s'était d'abord choisie? M'aurait-elle trompé? ses larmes auraient-elles été menteuses! mais si cela était, il faudrait la renier et la maudire, il faudrait...

— Silence, interrompit le Defunctis en se levant, un carrosse vient de s'arrêter devant la maison; on monte ici... c'est sans doute mon mari, et nous allons avoir la clé de tous ces mystères...

Un grand bruit se faisait entendre en

effet dans la maison, mais s'il annonçait l'arrivée de Defunctis, le lieutenant-criminel de robe courte devait être bien accompagné, car on distinguait les voix d'un grand nombre de personnes qui causaient en montant l'escalier.

Ce tumulte subit dans cette modeste et solitaire habitation ne parut pas de bon augure à Poliveau. Son esprit, ébranlé par tant de secousses récentes, ne prévoyait que des malheurs.

Tout-à-coup un laquais, revêtu d'une éclatante mandille de livrée, parut dans la chambre. Il s'inclina devant le bonhomme, et dit avec l'apparence du plus profond respect :

— Le duc et la duchesse de Villenègre font demander à monsieur l'échevin *de* Poliveau la permission de se présenter devant lui.

Cette étrange annonce, jetée brusquement au milieu de préoccupations tristes, excita un vif étonnement.

— Que signifie cette cruelle plaisanterie! s'écria enfin Poliveau. Le duc et la duchesse de Villenègre ici... dans cette pauvre maison? Mais le duc est mourant, dit-on, et la duchesse...

— Attendez, maître Poliveau, interrompit la Defunctis en regardant fixement le laquais qui baissait les yeux, je reconnais ce drôle... c'est celui-là même qui nous a enlevées la nuit dernière par les ordres de son maître; c'était lui qui commandait...

— Le duc et la duchesse de Villenègre! annonça Mignon à haute voix.

Au même instant, le jeune Villenègre entra, donnant la main à une dame masquée et en apparence fort émue. Après eux venaient le lieutenant-criminel Defunctis, en robe de palais, et un vieil ecclésiastique d'un aspect vénérable. Dans le fond, sur le pallier de la chambre et jusque sur l'étroit escalier, on entrevoyait une douzaine de laquais et de pages, revêtus de brillants costumes et gardant un silence respectueux.

Poliveau croyait être le jouet d'un rêve et restait immobile. Cependant il balbutia avec effort :

— Quoi! c'est vous, monsieur le marquis? on m'avait annoncé...

— Il n'y a plus d'autre duc de Villenègre que moi, répondit le jeune gentilhomme d'un air mélancolique : mon père n'est plus, et je viens exécuter ici ses dernières volontés en implorant votre pardon pour le mal qu'il a voulu vous faire...

Ce souvenir rendit au vieillard toute sa colère.

— Mon pardon ! s'écria-t-il ; mon pardon à celui qui m'a ravi ma fille !..

Son interlocuteur l'arrêta par un geste suppliant :

— Je le sais, dit-il, avec douceur, je n'ai aucun droit de vous demander cette grâce ; je laisse donc ce soin à la duchesse de Villenègre... sa voix saura mieux que la mienne toucher à votre cœur !

Et il se tourna vers sa compagne dont la poitrine oppressée trahissait l'agitation intérieure.

— Il faut d'abord que j'obtienne mon propre pardon ! s'écria-t-elle en tombant aux genoux du vieillard.

Elle arracha vivement son masque, et on put reconnaître, dans la duchesse de Villenègre, la Belle-Drapière, Rosette Poliveau.

Le premier mouvement du marchand fut de la relever et de la preser sur son cœur.

— Ma fille, mon enfant bien-aimée, tu m'es donc enfin rendue! s'écria-t-il en fondant en larmes. Mais d'où viens-tu? qu'as-tu fait? que se passe-t-il, bon Dieu?.. je crains de perdre la raison! Où est le misérable à qui on t'avait livrée? Comment as-tu pu lui échapper?..

Rosette, trop émue pour parler, désigna du doigt le nouveau duc de Villenègre.

— Rosette n'a pas d'autre époux que moi, reprit le jeune homme vivement, et, nous venons vous prier d'approuver un mariage qui a déjà reçu la consécration de la religion.

— Serait-il possible? je ne comprends pas... Mon Dieu, préservez-moi de devenir fou! dit Poliveau avec égarement.

—Quelques mots suffiront pour vous expliquer ce mystère, reprit le duc en baissant la voix. Hier au soir, en vous quittant, je retournai à l'endroit où j'avais laissé de Manle ivre-mort et endormi, espérant obtenir de lui de nouveaux renseignements. Ce fut alors que je résolus de prendre sa place et de jouer son personnage; la chose était facile ; je savais le mot de passe au moyen duquel de Manle devait se faire reconnaître de l'émissaire du capitaine Corbineau ; je savais le lieu et l'heure du rendez-vous... J'arrachai donc à l'ivrogne son chapeau, sa perruque et son manteau ; à la faveur de la nuit et en imitant de mon mieux l'accent à la mode de certains courtisans, je pouvais, pendant quelques instants du moins, tromper les ravisseurs de Rosette... Tout a réussi ; l'émissaire m'a pris facilement pour celui qu'il venait chercher et m'a conduit à l'église de Sainte-Catherine. Là, j'ai eu besoin de redoubler d'efforts pour soutenir mon rôle ; mais, à ma honte peut-être, j'avais trop fréquenté autrefois ce comte de Manle pour ne pas connaître son jargon et ses manières… d'ailleurs l'obscurité, l'ivresse que je feignais, et sans doute aussi la préoccupation de nos ennemis, me favorisaient ; je parvins à n'exciter aucun soupçon… Vous devinez le reste ; le mariage a eu lieu sans que personne sût qui j'étais, excepté Rosette, à qui je me nommai au pied de l'autel… Ma pensée était d'abord de la faire reconduire au couvent de l'Ave-Maria, jusqu'à ce que je pusse la réclamer comme ma femme ; mais, en apprenant que mon père avait des remords, je changeai de détermination, et profitant du carrosse préparé pour elle dans une autre intention, je la conduisis à l'hôtel de Villenègre. Là, je révélai au confesseur de mon père, au respectable ecclésiastique que vous voyez ici, toute la vérité ; je lui appris comment les manœuvres du duc de Villenègre pour renverser mes desseins secrets n'avaient fait qu'en hâter l'exécution. J'eus le bonheur de l'intéresser à notre sort... Sur-le-champ il alla trouver mon père, il lui représenta l'odieux de sa conduite, il le pressa de sanctionner notre union; le moribond se laissa fléchir enfin... M. le lieutenant-criminel et cet excellent prêtre pourront vous rendre témoignage de cette scène touchante à laquelle ils ont assisté... Vous le voyez, monsieur, c'est à vous maintenant de m'adopter pour votre fils, comme le duc de Villenègre en mourant a adopté Rosette pour sa fille... cette grâce, je vous la demande à mains jointes, je vous la demande à genoux!

— Dans mes bras, mon fils, et vous, ma

fille, dans mes bras tous deux! s'écria Poliveau en levant les yeux au ciel.

Ils se tinrent un instant embrassés. Pendant ce temps la Defunctis, qui s'était suspendue au bras de son mari, s'écriait d'une voix éclatante :

— Comment? c'était monsieur le marquis... monsieur le duc, veux-je dire, qui contrefaisait si bien cet ivrogne d'aventurier? Mais pourquoi ne s'est-il pas découvert à moi? j'aurais eu bien plus de courage pour tenir tête à ce farouche brigand de Corbineau, ou à ce misérable hypocrite de Custodinos...

Une main s'appuya doucement sur son bras.

— Ma fille, dit l'ecclésiastique à voix basse et d'un ton pénétrant, le jeune duc de Villenègre avait peut-être raison de craindre votre légèreté dans cette circonstance... J'en vois la preuve dans votre manque de charité à parler d'un prêtre coupable qui déshonore son saint caractère... Ne l'oubliez-pas, ma fille; il faut couvrir d'un manteau tout ce qui est un sujet de scandale. Les fautes d'un homme d'église ont cela de funeste qu'elles ne retombent pas seulement sur celui qui les commet, mais encore sur la religion dont il est l'indigne ministre... Je vous supplie donc, comme chrétienne, de garder le secret du sacrilége dont vous avez témoin cette nuit.

La pieuse bourgeoise subit humblement cette réprimande.

— Mon père, reprit enfin le jeune duc, les carrosses nous attendent en bas, vous allez quitter cette simple et pauvre retraite... Vous habiterez désormais avec nous l'hôtel de Villenègre, en attendant que nous allions en province saluer madame la duchesse ma mère, dont l'état malheureux réclame tous nos égards et toute notre pitié. Vous ne nous quitterez plus... Rosette et moi nous nous efforcerons de vous faire oublier les cruels chagrins que nous vous avons causés.

Une expression de tristesse se peignit su le visage pâle du bonhomme.

— Y avez-vous bien réfléchi, monsieur le duc, demanda-t-il à demi-voix ; ne craignez-vous pas les railleries de la ville et de la cour en gardant chez vous un père roturier, dont les allures bourgeoises pourraient vous gêner plus tard ? Ne craignez-vous pas que vos nobles parents...

— Je suis désormais le chef de ma famille, dit Villenègre avec dignité, et je saurai bien faire respecter mes droits. D'ailleurs, qui pourrait se plaindre ? n'êtes-vous pas noble aussi ? En rendant d'importants services à l'état, en remplissant, au péril de votre fortune, la charge honorable d'échevin de la ville de Paris, n'avez-vous pas conquis un blason aussi fier et aussi pur que celui des plus grands seigneurs ? On peut avouer hautement cette noblesse, mon père, et celle de tous les gentilshommes qui fréquentent la cour n'a pas une aussi belle origine !

La délicatesse et la générosité de ces sentiments portèrent à son comble l'émotion du vieillard.

— Pardonnez-moi, mon fils, dit-il avec chaleur, je vous avais méconnu.

— Ce n'est pas tout, reprit le jeune duc en arrêtant son regard sur Giles Poinselot, qui était resté sombre et muet dans un coin, vous avez trouvé dans votre malheur, un ami généreux, un serviteur fidèle... il doit prendre part à votre bonne, comme à votre mauvaise fortune...

— Je ne veux rien, je n'ai besoin de rien! dit l'apprenti brusquement.

Villenègre s'avança vers lui et lui saisit la main avec cordialité.

— Je sais d'où provient votre répugnance à rien accepter de moi, dit-il à demi-voix d'un ton affectueux : pouvez-vous m'en vouloir, monsieur Giles, d'avoir été plus heureux que vous, et d'avoir rempli mon devoir en accordant à Rosette une réparation légitime? Vous m'avez souvent manifesté de la malveillance, et cependant je ne vous ai jamais fait aucune injure, aucun mal... malgré tous vos torts envers moi, je vous offre encore mon amitié, l'acceptez-vous?

L'apprenti devait être touché de ce langage, si éloigné de l'insolence avec laquelle les gentilshommes d'alors parlaient ordinairement aux personnes de sa condition; il porta à ses lèvres la main du jeune duc.

— Monseigneur... murmura-t-il avec effort, vous méritez mieux que moi...

— Ainsi donc, interrompit Villenègre de manière à être entendu des assistants, voilà une affaire convenue ; vous serez chargé, monsieur Giles, de tout ce qui concernait le commerce de votre ancien maître ; vous acquitterez ses dettes, vous réhabiliterez son nom..... Mon intendant vous donnera les fonds nécessaires pour que la vieille boutique du Grand-Saint-

Martin soît mieux fournie que jamais d'étoffes de toute nature... M. Poliveau vous cèdera sa maîtrise, et vous suivrez l'utile profession qu'il a honorée...... Puissiez-vous être plus heureux que lui !

Poinselot, pénétré de tant de bienfaits, ne pouvait prononcer une parole.

— Il est digne de vos faveurs ! monsieur le duc, s'écria Poliveau avec joie ; personne mieux que lui ne saurait faire prospérer le commerce de mes ancêtres... Giles, tu réussiras, c'est moi qui te le dis, et j'irai quelquefois dans cette boutique, dont tu seras désormais le maître, t'apporter les conseils de ma vieille expérience... Tu t'adjoindras ce bon Guillaume qui t'aimais tant, et je pleurerai de joie en vous voyant heureux !

Cependant Villenègre s'était retourné vers Rosette et lui disait en déposant un baiser sur son front:

— Eh bien, madame, êtes-vous contente?

— Vous êtes plein de bontés et de générosité, monsieur le duc, dit-elle les yeux mouillés de douces larmes.

La Defunctis, de son côté, enchantée de tout ce qu'elle venait de voir et d'entendre, s'écria avec entraînement malgré les efforts de son mari pour la faire taire:

— Voilà ce que j'appelle un véritable gentilhomme!... et vous aussi, chère Rosette, vous serez une digne et bonne duchesse... Ce n'est pas vous qui humilierez jamais une simple bourgeoise comme moi! Aussi j'irai vous voir bien souvent, et mes commères en mourront de jalousie... Bon Dieu! que je suis contente!

Le jeune duc interrompit la Defunctis d'un air grave:

— Mademoiselle, ce jour ne peut être consacré à l'allégresse, il me reste des devoirs tristes à remplir.... retournons à l'hôtel de Villenègre, et nous prierons pour l'âme de celui qui a consenti à mon bonheur, sans pouvoir en être le témoin!

CONCLUSION.

Quelques instants après, deux carrosses surchargés de laquais, escortés de jolis pages qui montaient de fringants coursiers, traversaient l'enclos du Temple avec toute la rapidité dont étaient susceptibles les lourdes voitures de l'époque. Quoique l'heure fut encore peu avancée, le bruit et l'éclat de ces équipages attiraient aux fenêtres les habitants de ce pauvre quartier, où l'on n'était pas habitué à de pareilles visites. En arrivant sur la place qui précédait l'entrée principale de l'enclos, le cortége, malgré le piaffement des chevaux, le retentissement du fouet et les jurons énergiques des cochers, fut obligé de ralentir sa marche. Une foule nombreuse stationnait en cet endroit, et les badauds, dont elle se composait en grande partie, se fussent laissé écraser sous les roues des carosses, si l'on n'eût avancé avec beaucoup de précautions.

Le tumulte et l'agitation étaient tels

qu'on eut d'abord quelque peine à reconnaître la cause de ce rassemblement extraordinaire. Enfin on aperçut un homme sans perruque, sans chapeau, en pourpoint déchiré et souillé de boue, cherchant à se faire entendre au milieu de la foule qui l'accablait de huées.

— C'est Angoulevent, le prince des sots! s'écriait un des assistants en ricanant; lui seul est capable de toutes ces rodomontades.

— C'est maître Guillaume, le fou du roi défunt, disait un autre ; le fouet, le fouet à ce pendard insolent !

Le pauvre diable s'efforçait vainement

de repousser cette canaille ; il s'égosillait pour lui faire entendre raison, et il prenait des airs majestueux qui contrastaient avec son piètre équipage. On le tiraillait par ses vêtements, et quand il voulait résister, il lui tombait des horions de tous côtés. Les archers, préposés à la police de l'enclos, regardaient ce spectacle en riant comme les autres, sans songer à secourir celui que l'on vilipendait si cruellement.

Il tourna enfin son visage bouffi par la colère du côté des carrosses et sa voix domina un moment les clameurs de la foule:

— Ze vous défie tous, manans, coquins, racaille maudite ! s'écriait-il d'un ton enroué, est-ce oune raison d'insoulter oun brave zentilhomme parce qu'il est tombé, cette nuit, entre les mains de plous de trente voleurs et tirelaines qui l'ont dépouillé ? S'il y a parmi vous un seul zentilhomme, qu'il se montre et qu'il vienne sour le pré avec moi... il verra si ze souis oun galant homme !

Le son de voix plutôt que la mine piteuse du personnage l'avaient fait reconnaître. Le duc de Villenègre donna l'ordre d'arrêter le carrosse.

— C'est cet indigne comte de Manle, s'écria-t-il avec mépris ; sans doute on l'aura trouvé endormi dans l'état où je l'ai laissé la nuit dernière, et il aura ameuté la populace autour de lui par ses insolences ordinaires...

— Eh bien, quel est votre dessein, monsieur le duc? demanda Defunctis, qui était dans la même voiture, en voyant Villenègre se lever.

— Malgré les torts de ce cavalier envers moi, il est gentilhomme.... d'ailleurs c'est moi qui l'ai mis dans cette ridicule situation....

— Y pensez-vous, monseigneur? dit le lieutenant-criminel, voulez-vous donc vous compromettre publiquement pour un pareil misérable, lorsque deux de vos gens suffiront pour le dégager? Quant à sa qualité de gentilhomme ayez l'esprit en repos... Celui qui se fait appeler le comte de Manle n'a droit ni à ce nom ni à ce titre ; j'en ai acquis la certitude... C'est un ancien garçon barbier nommé Jacques Fouilleret, bien connu dans la ville de Manle par ses escroqueries... depuis trop longtemps déjà, il fait de Paris le théâtre de ses exploits en trompant une foule de gentilshommes....

Le duc de Villenègre rougit en songeant aux relations presque amicales qu'il avait eues avec ce vil intrigant; puis, détachant sa bourse suspendue à sa ceinture, suivant l'usage du temps, il la remit à un page.

— Donne ceci au comte de Manle, dit-il, de la part de celui qui l'a dépouillé la nuit dernière...

— Et avertissez en même temps Jacques Fouilleret, continua Defunctis avec sévérité, que si je le rencontre à Paris dans un quartier de ma juridiction, je l'enverrai au pilori, comme je compte envoyer dans trois jours à la potence son digne ami le capitaine Coupe-Jarret... Le sergent du guet s'est emparé ce matin de ce bandit au moment où il venait rôder autour de l'hôtel de Villenègre!...

Des domestiques à cheval s'avancèrent pour exécuter l'ordre de leur maître. De Manle, ou plutôt Jacques Fouilleret, empocha la bourse et leva les yeux vers les carosses ; il aperçut Villenègre, Rosette, Poliveau et Defunctis... Avec son imperturbable impudence, il allait s'avancer pour essayer sur eux l'effet de quelque nouveau mensonge, mais les carosses s'étant remis en marche, on abandonna le misérable aux insultantes railleries de la foule.

FIN DE LA BELLE DRAPIÈRE.

LE DERNIER ALCHIMISTE.

I.

L'ATELIER.

Au fond du Marais, dans une des plus étroites, des plus sombres, des plus sales rues du quartier du Temple, on voit encore une grande maison laide, irrégulière, croulante ; la date de sa fondation importe peu pour l'intelligence de cette histoire, mais elle doit être nécessairement très-vieille, à en juger par sa construction bizarre, par ses pignons noirs et délabrés, par cet air de vétusté que le temps seul peut donner, et qu'un amateur de médailles appellerait le *vernis antique*.

Le rez-de-chaussée de cette maison, bouge obscur et sans air, qui s'ouvrait sur une cour fétide, était louée pour la modique somme de cent francs, il y a quelques années, à un vieillard mystérieux, sur lequel les commères du voisinage avaient plus d'une fois exercé leur langue.

Cependant, comme il n'y avait ni portier ni portière dans la maison, on ne savait pas grand'chose de M. Robert, ainsi s'appelait l'habitant du pauvre réduit. On avait entendu dire qu'il était frère d'un célèbre joaillier, et qu'il avait longtemps lui-même exercé la même profession; mais on n'avait aucune donnée positive à ce sujet.

Chaque fois que M. Robert, revêtu d'un antique habit noir, son costume d'hiver et d'été, traversait la rue pour aller à ses affaires, sa longue et sèche figure toujours pensive, son crâne chauve recouvert à peine d'un petit chapeau crasseux, ses grosses poches toujours pleines on ignorait de quoi, étaient successivement l'objet d'une foule de suppositions passablement hasardées.

Il avait une fille, mademoiselle Fan
Robert, jeune et jolie personne de vi
ans, timide, réservée, modeste dans ses
lures et dans son costume. Elle travaill
habituellement à des ouvrages de dentell
et elle avait, disait-on, dans ce genre d'i
dustrie, une grande habileté. Elle sorta
seulement pour reporter son travail au
personnes qui l'employaient, ou pour fair
dans le voisinage les petites acquisition
nécessaires au ménage; elle se montrai
alors douce, affable avec tout le monde,
gaie quelquefois. Mais si une fruitière tro
audacieuse ou un épicier trop bavard s
risquait à la questionner sur les occupations de son père, sur leur position, sur
leur famille, la jeune fille soupirait, baissait tristement les yeux, et s'éloignait en

faisant une réponse polie, qui n'expliquait absolument rien.

Sur des éléments aussi simples, on avait bâti une foule de contes. Ainsi le vieux Robert, ou l'homme à l'habit rapé, comme on l'appelait, était, au dire de certaines gens, un harpagon qui s'était retiré dans ce hideux logement pour dépenser le moins possible, et conserver intacts des trésors fabuleux ; on l'avait entendu parler de millions, d'immense dot pour sa fille. D'autres avaient observé que toute la nuit on voyait de la lumière au rez-de-chaussée de la vieille maison, que le bruit d'une forge se faisait continuellement entendre, et ils prononçaient tout bas les mots de *fausse monnaie*. D'autres concluaient tout simplement de ces renseignements sur les occupations du vieil orfèvre, qu'il travaillait pour quelqu'un de ses anciens confrères ; supposition d'autant plus probable, qu'on l'avait vu plusieurs fois entrer dans les magasins de pierreries le plus en renom. Quant à Fanny, son âge, sa modestie, sa beauté, eussent dû sans doute la mettre à l'abri des caquets. Sa petite robe était toujours de l'étoffe la plus simple et la moins chère; elle portait des bonnets de peu de prix qu'elle se brodait elle-même; elle etait irréprochable dans son langage, dans ses manières et dans ses habitudes. Cependant un grand et beau jeune homme, avec des moustaches noires et des gants jaunes, rôdait parfois dans le voisinage... On l'avait vu, et on tirait de cette circonstance des inductions fort peu charitables pour la pauvre fille.

Quoi qu'il en fut de ces bavardages, par une soirée froide et silencieuse d'hiver, l'orfèvre et sa fille étaient réunis dans la pièce principale de leur pauvre appartement. Nous disons pauvre, mais non pas nu, car cette pièce était encombrée d'une prodigieuse quantité de fioles étiquetées, de creusets d'argile, de cornues de verre. Sur une vaste table de chêne, s'entassaient des fragments de métaux, des minéraux, des cristallisations de toute espèce. Dans un coin, une petite forge, munie de son soufflet bruyant, brillait en ce moment d'un feu vif et faisait pâlir la lumière d'une chandelle fumeuse, fichée dans un pot cassé en guise de bougeoir. Cependant, au milieu de ce désordre, on n'apercevait pas un outil, pas un ouvrage d'orfèvrerie ; à voir ce vieux Robert, maigre, pâle, asthmatique, dépouillé du misérable habit noir qui le couvrait d'ordinaire, se pencher de temps en temps sur le foyer de la forge, pendant que son bras étique agitait le soufflet sans relâche, on eût dit un de ces savants rêveurs du moyen-âge, dont le nom se terminait en us, et qui consumaient leur vie à la recherche de la pierre philosophale, plutôt qu'un honnête artisan du dix-neuvième siècle, travaillant à des bracelets et à des boucles d'oreilles pour les petites maîtresses de la Chaussée-d'Antin.

A l'autre bout de cette espèce de laboratoire, Fanny était assise sur une mauvaise chaise, devant une table exclusivement réservée à son usage, et couverte de broderies. Elle travaillait à l'aiguille avec ardeur, à côté de la triste chandelle dont nous avons parlé, s'interrompant de temps en temps pour approcher du feu ses doigts engourdis par le froid. Son petit bonnet de gaze était déposé près d'elle sur la table, par la raison qui avait fait quitter au vieux Robert son habit noir, c'est-à-dire, par économie; ses jolis yeux ne se levaient de dessus son ouvrage qu'à de rares intervalles.

— Certainement, Fanny, quelqu'un est venu ici pendant mon absence, dit tout-à-coup le vieillard d'une voix cassée et haletante, en examinant un creuset qu'il venait de prendre sur la table; certainement quelqu'un m'épie et cherche à me dérober mes secrets...

— Mon père, qui peut vous faire supposer cela? dit la jeune fille en rougissant.

— On est entré ici, répéta Robert; tu n'oserais, pour rien au monde, toucher à mes creusets, et cependant celui-ci a été ouvert... Ma fille, répondez; qui est entré dans mon laboratoire?

Fanny rougit plus fort.

— Mon père, je vous assure...

— Ne mentez pas, dit le vieillard d'un ton sévère.

Il promena autour de lui un regard soupçonneux, et il aperçut un gant jaune oublié sur la table.

— A qui est ce gant, medemoiselle? demanda-t-il d'une voix foudroyante.

— Mon père... à moi, sans doute.

— Ne mentez pas, vous dis-je; il faut que je sache...

Fanny se jeta à ses genoux.

— Mon père, je vous en supplie, ne me grondez pas!

— Eh bien? demanda le vieillard avec anxiété.

— C'était mon cousin Paul.

— Toujours lui! dit l'orfèvre en jetant le gant à terre avec dépit; mademoiselle pourquoi recevez-vous votre cousin pendant mon absence et malgré mes ordres exprès?

— Mon père, il est mon ami d'enfance, souvenez-vous du temps où vous étiez associé avec mon oncle et où vous étiez si riches l'un et l'autre!... Paul n'a pas cessé de vous aimer, mon père, et si vous ne l'aviez pas deux fois chassé de votre présence...

— Si je l'ai chassé, n'avais-je pas de bonnes raisons pour cela ? répliqua le vieillard avec chaleur ; lui, le fils d'un homme qui a voulu me faire passer pour fou et me faire interdire ; le fils d'un homme assez insensé pour me repousser avec mépris quand je lui offrais des millions en échange de quelques bagatelles!.. Croyez-vous, mademoiselle, que ce ne soient pas là des raisons suffisantes pour rompre à jamais avec cet indigne frère et ceux qui le touchent de près? Ai-je besoin qu'il viennent insulter par leur opulence à ma misère ? Mais patience ! le jour où j'aurai réussi dans mes travaux...

— Mon père, dit la jeune fille avec vivacité, Paul n'a pas la dureté de cœur de votre frère... Si vous saviez combien notre pauvreté le touche! Il y a quelques jours, en voyant la simplicité de ma mise, il pleura longtemps... Il me demanda si nous avions réellement achevé d'épuiser nos ressources, puis il m'offrit...

— Tu n'as rien accepté, j'espère, s'écria le vieillard avec un nouvel éclat de colère.

— Rien, mon père ; vous aimeriez mieux mourir de faim que de recevoir quelque chose de votre famille, je le sais... moi, je dois mourir avec vous !

— Nous ne mourrons pas, ma fille, dit Robert avec douceur. Nous vivrons pour être aussi riches que les plus puissans rois du monde !

Fanny soupira et alla se rasseoir. Son père, plaçant le creuset dans la forge, se remit à souffler avec ardeur. On n'entendit plus que le bruit de la flamme et le pétillement du charbon.

— Fanny, reprit le vieillard en s'interrompant de nouveau, promets-moi de ne revoir jamais ton cousin...

— Mon père !...

— Tu veux donc que mes ennemis soient tes amis?

— Ah! mon père, si vous saviez !...

— Quoi donc?

La jeune fille hesita un moment. Puis elle alla se jeter en rougissant dans les bras du vieillard.

— C'est que je l'aime, murmura-t-elle en sanglotant.

—Tu l'aimes, reprit Robert tout pensif en lâchant le cordon de la forge. Tu l'aimes, pauvre enfant?... et lui?...

— Oh! il m'aime aussi... Vous oubliez donc qu'avant votre fatale querelle avec mon oncle, nous étions destinés l'un à l'autre? Paul s'en est souvenu, mon père, et malgré notre pauvreté présente, si vous y consentiez encore...

— Non, non, s'écria l'orfèvre avec empressement; Paul est riche, je ne veux pas qu'il croie te faire une grâce en te prenant pour femme... Seulement, ajouta-t-il d'un ton réfléchi et en pesant ses paroles, si jamais... ce que je veux dire... enfin, nous verrons.

— Quoi! mon père, vous consentiriez à ce mariage! dit Fanny en jetant ses bras autour du cou du vieillard; je serais la femme de Paul... mais quand donc, mon père? combien de temps faut-il attendre encore?

— Il faut attendre, ma fille, dit le vieillard en s'animant, que tu puisses apporter à ton cousin une dot magnifique; il faut attendre que tes richesses le fassent rougir de sa fortune bourgeoise ; il faut attendre que j'aie découvert ce secret que je cherche depuis longtemps, et qui ne peut plus m'échapper ; il faut attendre que j'ai trouvé l'art de Faire du diamant !

Cette promesse paraissait au vieux Robert devoir se réaliser promptement, mais aux yeux de la pauvre Fanny, elle équivalait à un refus complet.

Elle s'éloigna de son père, et se remit tristement à l'ouvrage. L'orfèvre de son côté ranima le feu de sa forge, qui languissait depuis un moment, et tout en soufflant, il disait à sa fille :

— Pourquoi douter du succès, Fanny, pourquoi désespérer d'une réussite certaine? Presque tous les savans ont cru à la possibilité de faire du diamant.

— Mon père, soupira la pauvre enfant, Paul n'est pas de cet avis. Il dit que vous ressemblez à des gens qui vivaient autrefois et qu'on appelait des...

— Des alchimistes! reprit le vieillard d'un ton dédaigneux; monsieur Paul est aussi fou que ceux dont il parle... Ces alchimistes, Fanny, voulaient faire de l'or avec une foule de corps répandus en abondance sur la terre. C'était une utopie; l'or est un corps simple; par conséquent il échappe à l'analyse et à la synthèse... Une molécule de cuivre sera toujours une molécule de cuivre, et ne pourra être convertie en une molécule d'or... Les anciens étaient vraiment des fous ou des ignorans! Mais le diamant, Fanny, ce n'est pas un corps simple, c'est du carbone, du charbon, si tu aimes mieux, cristalisé... Tout le problème pour le fabriquer consiste donc à opérer cette cristallisation, à découvrir de quel corps s'est servie la nature comme agent... Or j'ai déjà combiné le carbone avec plus de huit cents corps tant simples que composés... il m'en reste à peu près autant pour avoir parcouru tous ceux que la nature a probablement employés dans la formation des pierres précieuses... Tu vois donc que j'approche d'une solution, et bientôt...

— Et combien d'années vous ont occupé

ces premières recherches, mon père? demanda Fanny en attachant sur lui son œil noir plein de mélancolie.

— Vingt années! ma fille, et vingt années bien rudes, tu le sais! répondit Robert avec une quinte de toux qui témoignait de la perte de sa santé à la suite de ces immenses travaux.

— Et il vous faudra vingt ans encore pour reconnaître l'inutilité de vos efforts, dit la jeune fille en baissant la tête.

— Non pas, Fanny; non pas; mon enfant! s'écria le vieil alchimiste; il ne faut pas raisonner aussi rigoureusement... peut-être cette nuit, peut-être demain, en brisant mon creuset, trouverai-je au fond ce que je cherche avec tant d'ardeur. Tiens, vois-tu ? ajouta-t-il avec vivacité, en montrant à sa fille le vase tout en feu dans la forge ; notre fortune est là peut-être.... J'ai là un morceau de carbone qui, s'il se cristallisait, donnerait un diamant deux fois plus gros que le mogol, le plus gros des diamants connus! Tous les empires de l'Europe seraient obligés de se cotiser pour nous en acheter un morceau... Et alors, ma fille, continua-t-il, les yeux brillants d'un éclat extraordinaire, tu pourrais épouser un prince si tu voulais, et moi, du haut d'une voiture royale, j'éclabousserais tous ceux qui m'ont méconnu et méprisé... dans ce siècle d'argent, je commanderais par mes incalculables richesses au monde entier...

Il s'arrêta tout-à-coup au milieu de ces pompeuses rêveries et examina le feu avec inquiétude.

—Fanny, dit-il, le charbon va me manquer, et mon expérience manquerait aussi... Va, mon enfant, me chercher ma provision pour la nuit.

—Volontiers, mon père, dit la jeune fille avec hésitation; mais...

—Qu'y a-t-il donc?

—Mon père, la dame pour qui je travaille a refusé de me faire de nouvelles avances... il me reste bien peu de chose.

— Combien?

—Vingt sous au plus.

— Il y a assez pour acheter un boisseau de charbon.

— Mais demain, mon père, comment vivrons-nous !

— Demain, ma fille, nous aurons peut-être à notre disposition tous les trésors de la terre !

Fanny, sans répondre, prit son bonnet de gaze et un petit fichu qui devait mal la garantir du froid. Elle sortit, et revint bientôt avec le charbon que son père attendait.

—Maintenant, ma petite, dit le vieillard,

va prendre un peu de repos ; moi, je ne puis quitter mes fourneaux et mes creusets ; va, ma bonne, et prie Dieu que je réussisse cette nuit !

Fanny obéit en silence ; après avoir embrassé son père, elle se retira dans la modeste chambre où elle couchait, à côté du laboratoire. Vers le matin, elle dormait d'un sommeil paisible, rêvant peut-être au bonheur qui lui était promis, quand un grand bruit l'éveilla en sursaut. Robert l'appelait de toute la force de sa voix. Elle s'habilla à la hâte et accourut vers lui.

Le désordre ordinaire de l'atelier était encore augmenté. Les fioles, les minéraux, les tables, tout était bouleversé. Le vieil orfèvre semblait frappé de folie, il riait, il pleurait, il dansait autour de sa forge ardente encore.

—Qu'est-il donc arrivé, mon père? demanda Fanny, au comble de l'étonnement.

— Ma fille, s'écria Robert d'une voix retentissante, j'ai réussi à faire du diamant!

— Cela est-il bien possible? Êtes-vous sûr que vous ne vous trompez pas cette fois comme tant d'autres?

— Non, non, reprit le vieillard en lui montrant deux petites pierres noires qu'il retira des débris du creuset. Fie-t-en à mon expérience, Fanny; ce sont là des diamants, de vrais diamants, vois-tu, quoique la surface en soit un peu altérée... Je ne me trompe pas, je te le jure! Le charbon que j'avais soumis à l'action du feu m'a donné deux diamants au lieu d'un... sans doute il se sera brisé dans l'opération... Qu'importe! nous sommes riches, riches à jamais!

Fanny partageait avec défiance la joie de son père ; il s'était déjà si souvent trompé qu'elle n'osait croire à tant de bonheur. Cependant Robert paraissait sûr de la réalité de sa découverte. Il passa le reste de la nuit à faire les expériences nécessaires pour constater l'identité des pierres qu'il avait trouvées dans son creuset avec le véritable diamant. Toutes le confirmèrent dans cette opinion.

Aussitôt que le jour parut, il se prépara à sortir pour aller annoncer sa découverte aux principaux joailliers de Paris.

—Ma fille, disait-il avec enthousiasme, je vais voir à mes pieds ces insolents confrères qui m'ont tant méprisé; je les ai tous ruinés cette nuit... mon nom ne s'effacera plus de la mémoire des hommes!

— Mon père, murmura la jeune fille, songez que nous manquons encore de pain aujourd'hui.

Le vieux Robert ne l'écouta pas. Il prit ses diamants, embrassa Fanny encore une fois, et s'élança dans la rue.

LES CONFRÈRES.

II.

En parcourant la ville, il marchait d'un pas fier, la tête droite, le regard animé, murmurant à demi-voix des paroles étranges qui faisaient retourner les passants. Ses gestes majestueux, l'expression solennelle de son visage, contrastaient avec la misère de son costume et son apparence maladive. Ses narines semblaient se gonfler d'orgueil, sa poitrine se cambrait sous son antique gilet de piqué jaune; il avait enfin tout l'extérieur heureux et insolent d'un pauvre diable qui vient de faire sa fortune par un coup inattendu.

Il arriva ainsi sur le quai aux Orfèvres. Dans un des plus somptueux magasins de ce quartier, une femme élégamment mise, trônait derrière un comptoir, brillant d'or, de pierreries et de bijoux. L'apparition d'un homme pâle, essoufflé, gesticulant comme un énergumène, et qui se précipitait presque sans saluer dans le magasin, la fit tressaillir d'effroi.

— M. Chauvin est-il là? demanda Robert d'une voix ferme.

La bijoutière ne put retenir un geste de mauvaise humeur.

— Ah! c'est vous encore, papa Robert? dit-elle d'un ton maussade. Vous m'avez fait une belle peur!

— Votre mari, où est-il? il faut que je lui parle!

— Eh bien, que lui voulez-vous à mon mari? Croyez-vous qu'il ait toujours le temps d'écouter des balivernes? Allez, allez, vieux fou, un bijoutier de la couronne a d'autres occupations que d'examiner les petits morceaux de verre que vous lui apportez quelquefois!...

Robert lui jeta un regard de mépris et de pitié.

— Je vous le répète, madame, il faut que je parle sur-le-champ à M. Chauvin... Il y va de sa fortune, il y va de celle de tous les marchands de diamants!

La dame sourit et haussa les épaules. Robert, impatienté, allait peut-être répliquer vertement, quand le bijoutier, attiré par le bruit de cette discussion, parut dans le magasin. C'était un homme d'une quarantaine d'années, de figure douce et paisible.

— Eh bien! eh bien! Lolotte, qu'y a-t-il donc? pourquoi tourmentes-tu ce pauvre diable? demanda-t-il en adressant à sa femme un regard significatif, comme pour lui faire entendre qu'on devait avoir égard à la faiblesse d'esprit du vieux Robert.

— Mon confrère! s'écria l'alchimiste, ne voyant, n'entendant rien de ce qui était étranger à sa découverte, passons dans votre cabinet; j'ai un important secret à vous communiquer!

— Vous pouvez parler devant Lolotte, dit le bijoutier avec un imperceptible sourire.

— Oh! si vous saviez!...

— Je gage que je devine... Vous avez trouvé le moyen de faire du diamant, n'est-ce pas?

Et ces paroles étaient accompagnées d'un nouveau regard de Chauvin à sa femme pour lui reprocher de s'être attaquée à un malheureux insensé. Robert, d'abord déconcerté, répondit vivement :

—Oui, confrère, du vrai diamant cette fois. Ce n'est plus du strass comme l'autre jour, ni du quartz altéré par le feu, ni des vitrifications métalliques!... du diamant aussi pur que ceux de l'Inde ou du Brésil !

—C'est bien, dit tranquillement Chauvin en se préparant à sortir. Mais je suis un peu pressé, papa Robert, j'ai à livrer deux croix en rubis à un ministre étranger... Nous verrons vos essais une autre fois... Lolotte, continua-t-il, donne *quelque chose* à ce pauvre Robert! il a sans doute besoin d'un peu d'argent pour acheter les objets nécessaires à ses expériences... et aussi pour acheter du pain à sa fille, murmura-t-il tout bas; on doit secourir un ancien confrère tombé dans l'indigence!

— Oui, voilà comment vous êtes, monsieur Chauvin! s'écria la jeune femme avec colère; vous vous laisseriez arracher les entrailles pour faire une aumône, et parce que ce vieux fou, ce vieux fainéant, ce vieux mendiant...

Un geste énergique de Robert lui coupa la parole.

— Je ne suis ni un fou ni un mendiant, madame, dit-il d'une voix imposante. Si quelqu'un ici peut faire l'aumône, ce n'est pas votre mari, mais moi... Voyez, Chauvin, ajouta-t-il en déposant ses deux diamants sur le comptoir, si celui qui peut créer de semblables choses a besoin de demander l'aumône !

Le joaillier jeta un regard distrait et indifférent sur ce que lui présentait le vieillard.

— Allons ! allons ! papa Robert, ne vous fâchez pas; ma femme est un peu vive, mais elle est bonne au fond... Revenez me voir; quand j'aurai plus de temps nous examinerons vos nouveaux produits! Allons, ne soyez pas fier; Lolotte va vous donner cinq francs, et à revoir...

Il s'approcha de la porte, comme pour rentrer dans un atelier voisin et congédia d'un signe le vieil alchimiste.

— Mais ce sont des diamants, de véritables diamants! s'écria celui-ci d'une voix éclatante, et c'est moi qui les ai faits! Regardez-les seulement; ils sont bruts et le feu les a un peu ternis à la surface, mais jamais on n'en a vu de plus limpides et de plus durs... Ce sont de vrais diamants, confrère! Ils rayent le verre et le cristal...

Je m'y connais : j'ai été aussi pendant vingt ans joaillier!... Chacun d'eux vaut mille écus, mais je les donne pour mille francs pièce... car j'en ferai d'autres, j'en ferai de trois cents carats, j'en ferai que tout l'or monnayé de l'Europe ne pourrait payer!

Ces paroles prononcées d'une voix forte et sonore, commençaient à attrouper les passants devant le magasin. Chauvin perdit patience.

— Ecoutez, père Robert, reprit-il, ceci commence à devenir fatigant.... Acceptez ces cinq francs, et laissez-moi à mes affaires. Je vous répète que le temps me presse, et...

— Ce fou est insupportable! s'écria la jeune femme. Cela vous apprendra, monsieur Chauvin, à tant ménager ses manies, au lieu de le renvoyer, une bonne fois pour toutes, à Charenton!

— C'est vous qui êtes de véritables insensés, reprit le vieillard avec une nouvelle énergie : je viens vous offrir la fortune, et vous me chassez! Je viens vous donner part à ma sublime découverte et vous m'insultez par votre stupide pitié!

— Monsieur Robert, dit Chauvin en montrant la foule assemblée devant sa boutique, je n'ai pas envie de voir une émeute chez moi... je vous prie donc de nous laisser tranquille, et de vous retirer sur-le-champ.

— Oui, ajouta sa femme en agitant d'un air furieux ses ciseaux à broderie, retirez-vous bien vite, entendez-vous? ou je vais appeler les ouvriers et vous faire jeter à la porte !

A cette menace le vieillard prit son chapeau, replaça ses diamants dans sa poche et dit avec dignité :

— Je vous voulais du bien, car vous n'avez pas toujours été impitoyables envers moi... Que votre obstination retombe sur votre tête ; elle vous coûtera des larmes de sang !

Puis il sortit et s'éloigna à travers la foule curieuse, laissant les deux époux se communiquer leurs réflexions sur ce qu'ils appelaient le radotage d'un vieillard tombé en enfance.

— Pauvres gens ! disait-il en parcourant le quai ; ils se réjouissent maintenant de s'être débarrassés de mes importunités qui tendaient à les rendre riches et heureux !

Sans perdre courage, il entra chez un autre marchand de pierreries, qui lui était inconnu. Celui-ci jeta un regard de pitié sur le costume misérable de Robert, et, comme Chauvin, il ne voulut pas même examiner les pierres précieuses qu'on offrait de lui vendre.

— Allez, allez, mon brave homme, on

ne m'y trompe guère, dit-il en cherchant à prendre un air rusé : des diamants de cette grosseur ne se trouvent pas dans la Bièvre... Vous avez là deux cailloux du Rhin valant peut-être un petit écu... encore l'acquéreur ferait-il un mauvais marché.

— Mais ce sont de vrais diamants! et c'est moi qui les ai faits! s'écria le bonhomme devenu furieux.

Le joaillier lui rit au nez.

— Allez, allez, beau faiseur de diamants, dit-il d'un ton malin, cherchez d'autres dupes, si vous pouvez en trouver.

— Mais, répéta le vieillard avec instance

et en frappant du pied, un enfant qui n'a jamais vu ni touché de pierreries vous en dirait le prix... La couleur, le poids, la finesse du grain, la transparence, tout vous indique que ce sont des diamants!... Regardez-les de près; au nom du ciel! veuillez seulement les regarder.

Des cailloux du Rhin, sont des cailloux du Rhin, reprit le boutiquier, piqué de voir qu'on révoquait en doute ses connaissances en pierres précieuses ; cela vaut trois francs, les voulez-vous?

Et il tourna le dos au malheureux Robert.

—Le sot, l'orgueilleux, murmurait celui-ci en arpentant de nouveau le trottoir de la rue ; il sacrifie son intérêt à son amour-propre, comme Chauvin à ses préjugés.... Est-il donc si difficile de faire accepter aux hommes cette richesse qu'ils désirent toujours?

Il entra chez un troisième orfèvre, qui pour cette fois examina les pierres avec beaucoup d'attention ; il parut convaincu de leur valeur, mais il conçut des doutes sur la légitimité de la possession de Robert. Il demanda avec défiance :

— De qui tenez-vous ces diamants, monsieur ?

Robert bondit de joie.

— Oh! ce sont des diamants, n'est-ce pas? Vous l'avez reconnu de suite, vous; eh bien, c'est moi qui les ai faits, monsieur ; j'y travaille depuis vingt ans ; j'ai trouvé ceux-là dans mon creuset la nuit dernière..... N'est-ce pas que se sont de vrais diamants?..... Ah! je le savais bien, moi!

Le joailier garda un moment le silence.

— Monsieur, dit-il enfin avec une brusque franchise, permettez-moi de vous le dire tout net, ou vous êtes un fou ou vous êtes un voleur... Je ne crois pas à la possibilité de faire des diamants, et si vous avez rêvé que ceux-là sont de votre fabrique, je ne veux pas conclure de marché avec un homme capable de telles visions; je suis beaucoup trop honnête pour cela... Si vous les avez volés, comme votre doute sur leur prix pourrait me le faire croire, je ne me soucie d'avoir directement ni indirectement de rapports avec la police... Ainsi donc, allez vous faire pendre ailleurs... je ne retiendrai pas même les diamants, comme j'en aurais le droit peut-être, jusqu'à ce qu'on ait retrouvé le légitime propriétaire. Mais hâtez-vous de sortir de chez moi, de peur que je ne change d'avis !

Robert, pas plus que cet honnête négociant, ne se souciait pour le moment de mêler la justice à ses affaires; il s'empressa donc de profiter de la permission qui lui était accordée. Il prit ses diamants et sortit avec précipitation.

— Voilà donc à quelles avanies un inventeur est exposé, disait-il en regagnant son quartier lointain ; pour les uns on est un fou, pour les autres un ignorant ou un fripon... Mais n'importe, continuait-il en regardant d'un air méprisant la foule qui passait près de lui, tôt ou tard on me rendra justice! Je me présenterai à l'Académie des sciences, j'annoncerai quel magnifique secret j'ai découvert, il faudra bien qu'on reconnaisse la vérité... alors mon nom sera aussi célèbre que celui des hommes de génie ; les honneurs, les richesses m'accableront!

L'INVENTEUR.

III.

Pendant qu'il faisait ces réflexions, il se trouva devant sa maison, toujours aussi noire, aussi repoussante, aussi misérable que de coutume. Il entra poursuivi par ses idées de fortune; Fanny, pâle et tremblante de faiblesse, accourut dans l'allée au devant de lui :

— Eh bien ! mon père, s'écria-t-elle, quelle nouvelle apportez-vous?

— Ma fille, dit Robert avec embarras, je n'ai pu réussir à vendre mes diamants; mais ce soir... demain...

Fanny dirigea la marche de son père dans le corridor obscur. Lorsqu'ils furent arrivés dans le laboratoire, elle alluma un peu de feu pour réchauffer les membres glacés du vieillard, et pendant qu'elle se livrait à ces occupations, elle lui adressait de tendres consolations pour l'avenir. Quand Robert se fut un peu réchauffé, il dit à sa fille :

— La nuit approche, et je n'ai encore rien pris; je suis épuisé de fatigue... N'as-tu rien à me donner à manger?

La pauvre enfant se mit à fondre en larmes.

— Mon père, dit-elle d'une voix entrecoupée de sanglots, hier j'ai dépensé notre dernier argent pour acheter le charbon nécessaire à votre expérience..... Je dois déjà à la dame pour qui je travaille plus que je ne pourrai gagner en quinze jours et en quinze nuits... Ce matin, quand j'ai voulu vous préparer votre déjeûner, le boulanger et la laitière m'ont refusé crédit...

— Mais toi, Fanny, ma bonne Fanny,

tu n'as pas déjeûné non plus ! interrompit Robert avec désespoir, et hier il n'est rien resté de notre frugal diner ! aussi tu es pâle, Fanny, tu es malade !...

— Oh ! non, mon père, dit Fanny en essayant de sourire.

Mais ses forces trahirent son courage, elle tomba à demi-évanouie dans les bras de l'alchimiste.

— Oh ! mon Dieu ! que faire ? s'écria celui-ci ; j'ai pourtant là une fortune immense... je suis plus riche qu'un prince... et ma fille va mourir de faim !

Il s'empressa de la transporter sur son

lit. Un peu de vin, auquel l'enfant n'avait pas voulu toucher, restait encore ; il le fit avaler presque de force à la pauvre Fanny. Quand il la vit un peu plus calme, il s'élança hors de la maison pour aller chercher du secours.

Le soleil était déjà couché ; un brouillard épais se répandait dans les rues sombres ; quelques passants précipitaient leur marche sur le pavé sec et glacé. Robert seul, abattu, désespéré, pressé par ses propres besoins et par ceux de sa fille bien aimée, la tête perdue, les idées bouleversées, ne savait de quel côté diriger ses pas. Il songea à aller trouver Chauvin, qui avait voulu lui faire l'aumône le matin, ou bien encore le joaillier qui lui avait offert trois francs de ses diamants. Mais il était bien loin du quai des Orfévres, et pendant ce long trajet qu'adviendrait-il de sa fille? D'ailleurs aurait-il la force de se traîner lui-même jusque-là? Une seule ressource lui restait; c'était de vendre ses diamants à vil prix, qu'importait cela? le lendemain il pouvait en fabriquer des plus précieux. Aussi, ne sachant plus que devenir, dans le délire de la fièvre et de l'inquiétude, il prit le parti le plus bizarre et le plus insensé; il alla de porte en porte offrir ses diamants. Les uns se moquaient de lui, les autres le repoussaient avec le phlegme imperturbable du Parisien occupé, d'autres ne l'écoutaient pas.

Alors Robert, exaspéré de plus en plus

par la souffrance, se mit à courir après les passants.

— Voyez, disait-il, ce sont des diamants; la misère me force à les vendre... Oh! ce sont de vrais diamants, je vous le jure sur mon baptême! Ils ne sont pas polis encore, mais ils brilleront d'un éclat éblouissant quand le lapidaire y aura passé. Ils valent mille écus, et je les donne pour cent francs!.. Ne vous étonnez pas de la modicité du prix; mais si vous ne les achetez pas de suite, ma fille et moi nous serons morts demain de faim et de froid.

Mais les passants ne s'arrêtaient pas; ils s'enveloppaient dans leurs manteaux et s'éloignaient sans même jeter un regard sur le vieillard souffreteux qui les implorait. Il arriva ainsi jusqu'au boulevard. La singularité de ses propositions attira bientôt la foule autour de lui. Il montrait toujours ses diamants et diminuait de plus en plus ses prétentions, afin d'encourager les acheteurs.

— Voyez, disait-il, en s'adressant à ceux qui l'entouraient, voyez où me pousse la misère ; je donnerai mes diamants pour dix francs... celui qui les achètera possédera presque une petite fortune, et il aura fait une bonne œuvre, car je pourrai secourir ma pauvre fille, qui va mourir...

Des injures, des sarcasmes, des éclats de rire furent toute la réponse que reçurent ses prières et ses larmes.

— C'est un fou, murmurait l'un.

— C'est un comédien, disait un autre.

— Il y a quelque gageure là-dessous ! disait un badaud d'un ton capable.

— Eh bien ! s'écria enfin le pauvre alchimiste poussé à bout, si personne ne veut m'acheter mes diamants, au moins soyez assez charitables pour me faire l'aumône... ayez pitié de ma fille et de moi !

A peine avait-il achevé ces mots que la foule s'entr'ouvrit tout-à-coup; deux sergents de ville s'emparèrent brutalement de lui et l'arrêtèrent comme mendiant, vagabond et peut-être voleur.

Robert prononça contre l'humanité toute entière une effroyable malédiction et se laissa entraîner. Les sergents de ville le conduisirent au prochain corps-de-garde; il passa la nuit dans une salle et hideuse prison, avec des malfaiteurs qu'on venait d'arrêter en flagrant délit de vol.

Le lendemain matin, aux premières lueurs du jour, la porte s'ouvrit, et quelques personnes entrèrent précipitamment dans la prison.

— Mon père! mon père! s'écria une voix bien connue.

Le vieillard, se soulevant lentement sur la paille où il était couché, dit d'une voix mourante :

— Fanny, est-ce toi? Quel ange bienfaisant t'a sauvée?

— Oh! mon père, pourquoi m'avez-vous quittée hier au soir?... Paul est venu à mon secours quelques instants après votre départ; nous avons passé la nuit à vous chercher....

—Vous êtes libre, mon oncle, dit en ce moment un jeune dandy, en lui serrant respectueusement la main.

—Pas encore, monsieur, dit un homme de police qui était présent : on a trouvé sur ce malheureux deux diamants bruts dont il n'a pu expliquer la possession, et il faut savoir...

— L'explication est très-simple, monsieur, répliqua Paul : mon oncle est pauvre, mais trop fier pour accepter volontairement des secours de sa famille... Je me suis introduit chez lui, et j'ai caché deux diamants dans l'un de ses creusets..... il a pu croire qu'ils étaient le résultat de ses combinaisons chimiques, et il ne s'est pas trouvé humilié en recevant un don...

Il fut interrompu par un cri déchirant du vieillard.

— Paul, s'écria-t-il, c'est vous qui me portez le dernier coup... J'avais l'espoir en mourant de me venger de cette misérable humanité en emportant un secret si précieux... Pourquoi ne m'avez-vous pas laissé mon illusion?

Il retomba sans mouvement sur la paille. Il était mort.

Quelques mois après, Fanny épousa son cousin. L'on cherche encore le moyen de faire du diamant.

FIN.

www.ingramcontent.com/pod-product-compliance
Lightning Source LLC
Chambersburg PA
CBHW071602170426
43196CB00033B/1588